DVD付

いちばんやさしい

ソフトボール入門

木田京子 監修

肩甲骨・股関節・体重移動・回転運動が

キミの秘めた力を発揮させる!

ソフトボールのための関節可動域ストレッチが

さらにパフォーマンスを上げる!

成美堂出版

ENJOY SOFTBALL!

はじめに

ソフトボールはsports（スポーツ）です。その語源はラテン語の「deportare」で、「楽しむ」「遊ぶ」という意味になります。にもかかわらず、ずっと下を向いてプレーをしている選手や、まったく掛け声のない暗いチームに出会うことがあります。これはとても悲しいことです。

スポーツとは、楽しむことです！

苦しい練習の先にある勝利は、とても嬉しく楽しい気持ちになれます。ですが勝つ

こと以外にも、日々の小さな成功や小さなガッツポーズの積み重ねが楽しい気持ちにさせてくれます。そのために、個人やチームで目標を立て、達成するために何をすべきかを考えて取り組みましょう。与えられたことをただこなすより、自発的に動いた方が何倍も楽しいからです！

この本にはそのヒントが詰まっているので、困ったときに開いてみてください。小さな成功やガッツポーズを積み重ね、ソフトボールを楽しんでくれることを願っています。

園田学園女子大学ソフトボール部監督
木田京子

監修プロフィール

木田京子（きだ きょうこ）

園田学園女子大学人間健康学部准教授／園田学園女子大学ソフトボール部監督／元女子日本代表アシスタントコーチ／元女子 U19日本代表ヘッドコーチ

現役時代は日立ソフトウェア女子ソフトボール部（当時）で活躍。96年には日本リーグ首位打者を獲得し、ベストナイン（指名打者）にも選出される。引退後は、母校である園田学園女子大学ソフトボール部の監督に就任。チーム全員で練習メニューを考えるなど、自主性を尊重し、選手自らが考えて行動することを理念とした指導に定評があり、全日本大学ソフトボール選手権優勝など、毎年輝かしい成績を収めている。

モデル

園田学園女子大学ソフトボール部

兵庫県尼崎市にある女子大学。全日本大学ソフトボール選手権では毎年のように優勝争いをし、日本代表選手も数多く輩出している。

DVD付

いちばんやさしい ソフトボール入門

目次

はじめに …… 2

本書の特長・DVDの特長 …… 8

DVDの使い方 …… 10

序章 大きな力を生み出すカラダの使い方

肩甲骨と股関節を意識したカラダの使い方を覚えよう！ …… 12

股関節を使う 股関節へ体重を乗せることで下半身の筋肉が活かされる！ …… 14

股関節を使う 股関節に体重を乗せて下半身から動き出すことがすべての動作の始まり！ …… 16

肩甲骨を使う 肩甲骨を寄せることで背中の筋肉が使えるようになる …… 18

肩甲骨を使う 腕力に頼るのではなく肩甲骨を寄せて背中の大きな筋肉も使う！ …… 20

下半身の「体重移動」と「回転運動」が大きなパワーを生み出す！ …… 22

体重移動を使う 軸足から移した体重を前足で受け止め回転運動のきっかけをつくる！ …… 24

回転運動を使う 体重移動を前足で受け止め回転運動が始まり、上半身がついてくる …… 26

1章 はじめてのキャッチボール

キャッチボールが苦手な人でもできる！
投球動作をさかのぼるステップアップドリルで力の加わり方を体感 …… 30

ステップ1 ▼ボールを握る ボールをすばやく正確に握るための1人キャッチボール …… 32

ステップ2 ▼ボールに回転をかける（リリース） 指先で押す感覚が身につくあお向けキャッチボール …… 34

ステップ3 ▼腕を振って投げる（腕の使い方） 腕の使い方が身につく正面キャッチボール …… 36

ステップ4 ▼横を向いてから投げる（回転運動） 下半身の回転が身につく上からつかみキャッチボール …… 38

ステップ5 ▼ステップして投げる（体重移動）
下半身の体重移動が身につくワンバウンドキャッチボール …… 40

捕る1 ▼グローブの使い方
ボールの高さによってグローブの向きを変える …… 42

捕る2 ▼踏み出して捕る
捕球から送球をスムーズにする足のステップを覚えよう …… 44

弱点克服ドリル 強いボールを投げる練習法 …… 46

弱点克服ドリル 捕球と送球をスムーズにする練習法 …… 48

弱点克服ドリル すばやく正確に投げる練習法 …… 50

2章 下半身から力を伝えるバッティング

ソフトボールのバッティング
まずはバッティング動作や名称を一つずつ確認しよう！ …… 54

スイング1 ▼かまえ方
バットの握りとかまえは力まずリラックスが基本 …… 56

スイング1 ▼かまえ方のつづき
かまえは人それぞれなので自分に合うものを見つけよう …… 58

スイング2 ▼トップをつくる
テイクバックは小さくとりすばやくトップをつくる …… 60

スイング3 ▼振り出し
下半身始動でおこなわれる体重移動と回転運動 …… 62

スイング4 ▼スイング軌道とインパクト
寝たバットを水平に振り出しボールを線でとらえる …… 64

弱点克服ドリル ミート力を高める練習法 …… 66

弱点克服ドリル 打球を飛ばす練習法① …… 68

弱点克服ドリル 打球を飛ばす練習法② …… 70

弱点克服ドリル 打球を飛ばす練習法③ …… 72

知っているようで知らないバッティング用語Q&A …… 74

3章 次の塁を狙う走塁

走塁1 ▼一塁までの走り方
打った後の全力プレーは一塁まで走ること …… 80

走塁2 ▼ベースランニング
外への膨らみを抑えてベース内側の角を踏む …… 82

走塁3 ▼離塁
進塁か帰塁の判断は足を止めずにおこなう …… 84

走塁4 ▼盗塁
ギリギリまでカラダを倒し重心移動の力ですばやく加速 …… 86

走塁4 ▼盗塁のつづき
ベースの踏み方は人それぞれなので自分に合うものを見つけよう …… 88

走塁5 ▼スライディング
ベースのギリギリまで走り最短距離を滑る …… 90

弱点克服ドリル ベースをスムーズに回る練習法 …… 92

4章 カラダを上手に使う守備

ゴロ捕球1 ▼ステップ
右、左のステップで捕球するが、直前の右足は外側に踏み出す …… 96

ゴロ捕球2 ▼捕球姿勢
右足を外側に踏み出してからカラダの正面で捕球する …… 98

ゴロ捕球3 ▼横の打球を捕る
腕だけ伸ばすのではなくカラダごと横に向ける …… 100

ゴロ捕球4 ▼捕球から送球
捕球地点に右足を踏み出す基本の一塁送球 …… 102

ゴロ捕球5 ▼送球方向による捕球動作の違い
投げたい方向を意識した捕球動作をおこなう …… 104

ゴロ捕球5 ▼送球方向による捕球動作の違いのつづき
打球の方向や速さ、投げる距離も考慮する …… 106

バウンドの種類 ▼捕るタイミング
打球を捕るタイミングによってその難易度が大きく変わる …… 108

バウンド捕球1 ▼落ち際を捕る
バウンドしている打球はまずは落ち際を狙う …… 110

バウンド捕球2 ▼ショートバウンドを捕る
落ち際を狙えなかったら地面からの跳ね返り際を狙う …… 112

バウンド捕球3 ▼ハーフバウンドを捕る
跳ねて伸びるハーフバウンドはすばやく半身になって捕球 …… 114

外野捕球1 ▼フライ捕球の姿勢
カラダは伸ばさず縮めておき打球への対応力を高める …… 116

外野捕球2 ▼フライ捕球と送球
後ろから勢いをつけて捕球し1歩目を大きくステップしよう …… 118

外野捕球3 ▼ゴロ捕球と送球
前進しながら捕球してそのままの勢いで送球する …… 120

弱点克服ドリル ゴロを正確に捕る練習法 …… 122

弱点克服ドリル 難しいバウンド練習法 …… 124

5章 試合をつくるバッテリー

ピッチャー1 ▼プレートの使い方
プレートを踏んで静止することから始まる …… 128

ピッチャー2 ▼下半身の使い方
軸足の股関節に体重を乗せて大きく前にステップ …… 130

ピッチャー3 ▼上半身の使い方
肩甲骨から大きく回してヒジから下ろす …… 132

ピッチャー4 ▼ブラッシング
下ろした腕を太ももで擦りスナップを加速させる …… 134

キャッチャー1 ▼かまえ方
安定性重視か対応力重視かによってかまえは変わる …… 136

キャッチャー2 ▼キャッチング
ピッチャーのリリース後にミットを下げ脱力させる …… 138

キャッチャー3 ▼送球
3タイプある送球法から自分に合うものを見つけよう …… 140

キャッチャー4 ▼ショートバウンドの止め方
ヒザを前に下ろすのではなく後ろにすばやく引く …… 142

キャッチャー5 ▼ブロック
2種類あるブロックを臨機応変に使い分ける …… 144

6章 関節可動域ストレッチ

ソフトボールの動きの質を高める関節可動域ストレッチ
肩甲骨と股関節の可動域が広がれば力をもっと出せる！ …… 148

ストレッチ1 肩甲骨ストレッチ1 直線反らし …… 150
ストレッチ2 肩甲骨ストレッチ2 ヒジ腕立て伏せ …… 151
ストレッチ3 肩甲骨ストレッチ3 キャットバック …… 152
ストレッチ4 肩甲骨ストレッチ4 天井プレス …… 153
ストレッチ5 股関節ストレッチ1 ワニ …… 154
ストレッチ6 股関節ストレッチ2 肩幅ジャックナイフ …… 155
ストレッチ7 股関節ストレッチ3 スパイダーマン …… 156
ストレッチ8 股関節ストレッチ4 カエル …… 157
ストレッチ9 股関節ストレッチ5 スケートジャンプ …… 158
ストレッチ10 股関節ストレッチ6 ヒップリフト …… 159

COLUMN コラム

1 園田流指導の心得 …… 28
2 失敗をおそれない！ …… 52
3 キャプテンの役割 …… 78
4 補食を活用しよう！ …… 94
5 正しいアイシングをしていますか？ …… 126
6 ソフトボールといろいろなトレーニング …… 146

本書は、原則として2019年12月現在の情報に基づいて編集しています。

本書の特長

特長1 ビギナーでもわかりやすい技術解説！

A 連続写真やマルチアングル写真を多用し、見開き1テーマで動作を時系列にわけて解説。

B ページごとに大切なポイントを紹介。日々の練習から意識して実践してみよう。

C 上達のコツやビギナーが陥りやすい例を写真と文章でていねいに解説。

特長2 弱点克服ドリルでレベルアップ！

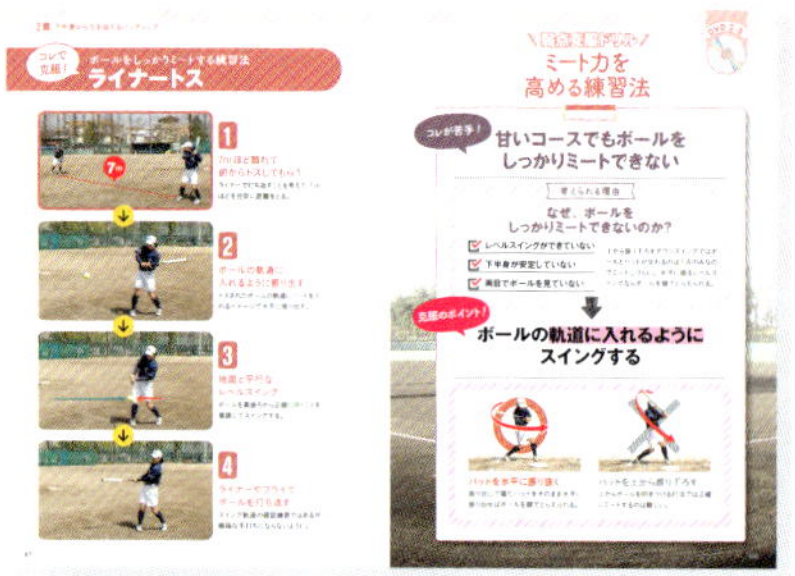

苦手な技術に対して、弱点克服のコツを解説し、その技術を習得できる練習ドリルを紹介。

特長3 可動域が広がるストレッチを紹介！

肩甲骨や股関節などソフトボールをするうえで欠かせない関節可動域を広げるストレッチを紹介。

DVDの特長

特長1 本と連動しているからわかりやすい！

本の右上にはDVDチャプターが記載してあり、本とDVDが連動している。
本で技術を理解したらDVDで実際の動きを確認しよう。

特長2 スロー再生でポイントをおさらい！

DVD内では、大切なポイントをスロー映像で解説。実際の速度では気がつかない技術もあるので、しっかりチェックしよう。

特長3 練習もすべて実演！

本で紹介しているすべての練習はDVDにも収録されている。実際の動作を確認して、弱点克服に役立てよう。

DVDの使い方

DVD 50分!!

メインメニュー

全部で六つの章から構成されている。頭からすべての章を観たい人は、右上にある「Play All」を選択し、気になる章だけを観たい人は、各章を選択しよう。

各章メニュー

メインメニューで一つの章を選択すると、その章のチャプターが並んだ画面になる。「Play All」を選択すれば章全部を、一つのチャプターを選択すれば、そこだけを観られる。

ポイント解説

各チャプターに収録されている映像では、大切なポイントはテロップで表示されたり、スロー再生されたりするので、参考にしよう。

DVDビデオの取り扱い上のご注意

●このディスクにはコピーガード信号が入っています。そのためコピーすることはできません。
●ディスクは指紋、汚れ、キズ等をつけないようにお取り扱いください。
●ディスクが汚れたときは柔らかい布を軽く水で湿らせ、内周から外周に向かって放射状に軽くふき取ってください。レコード用クリーナーや薬剤等は使用しないでください。
●ひび割れや変形、また補修されたディスクは危険ですから絶対に使用しないでください。
●使用後は必ずプレーヤーから取り出し、専用ケースに収めてください。直射日光の当たる場所や高温、多湿の場所をさけて保管してください。
●ディスクの上に重いものを置いたり落としたりすると、ひび割れしたりする原因になります。

＊本DVDビデオや本書において乱丁・落丁、物理的欠陥があった場合は、不良個所を確認後お取り替えいたします。必ず本書とDVDディスクを合わせてご返送ください。
＊本DVDビデオおよび本書に関するご質問は、葉書か封書にてお送りください。なお内容の範囲を超える質問にはお答えできない場合もありますので、ご了承ください。

DVDビデオを使用する前にお読みください。

このDVDはDVDプレーヤーか、DVDが再生できるパソコンでご覧になれます。なお、パソコン、DVDプレーヤーの一部機種では再生できない場合があります。DVD再生による事故や故障には、一切責任を負いかねます。DVD再生プレーヤーの各機能についての操作方法は、お手持ちのプレーヤーの取扱説明書をお読みください。

序章

大きな力を生み出すカラダの使い方

スイングや投球に力が出ないのは、筋力不足ではなく、カラダが使えていないから。力は誰もが備えている。まずは、その秘めた力を出し切るカラダの使い方を解説する。

節を意識した
方を覚えよう!

肩甲骨《けんこうこつ》

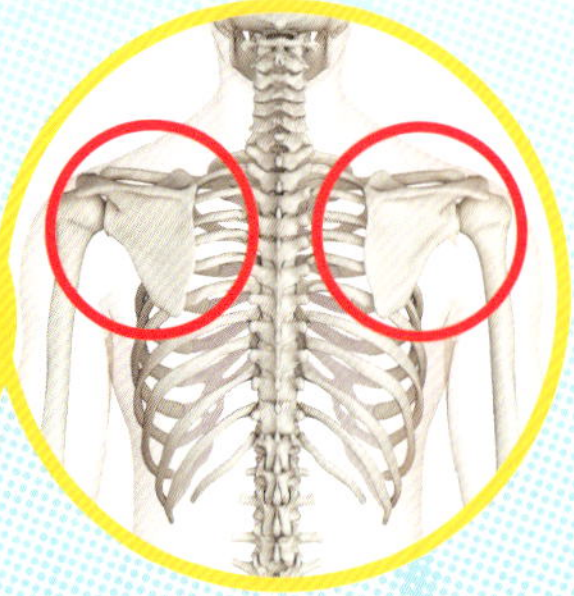

背中の左右にある三角形の骨。肩甲骨が大きく動くようになれば、腕も大きく力強く振れる。

股関節《こかんせつ》

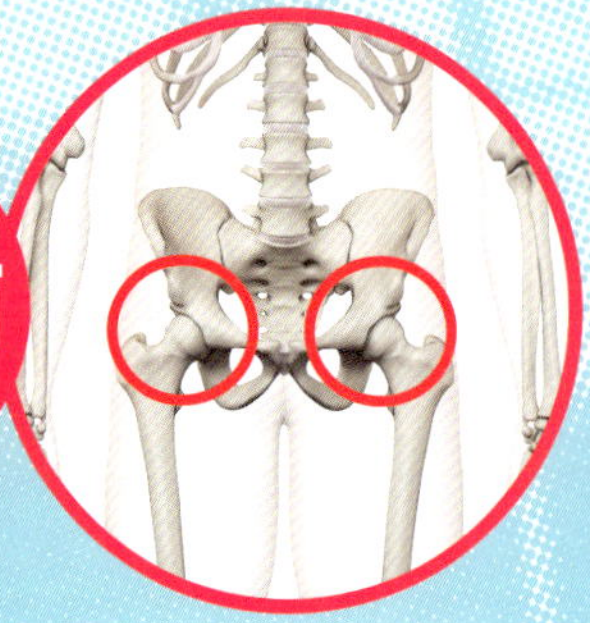

骨盤と太ももをつなぐ関節。下半身始動の動作は股関節に上半身の体重を乗せることで始まる。

肩甲骨と股関
カラダの使い

体格に関係なく力は誰もが備えている

ホームランを打つことや、速い球を投げることに大きな体格や腕の太さが必要だと思っていないだろうか？

確かに大きな筋肉は大きなパワーを生み出すが、ホームランを打ったり速球を投げるだけのパワーは、元々誰にでも備わっている。できない人は、上手にカラダを使えていないだけ。

キーワードは、腕のつけ根にある「肩甲骨」と、足のつけ根にある「股関節」だ。ここを上手に使えれば、自分でも驚くほどの力が発揮できるようになる。

股関節を使う

股関節へ体重を乗せることで下半身の筋肉が活かされる！

股関節ってどこ？

上半身と下半身をつないでいる関節

立位時の上半身の体重を受ける

二足歩行である人間は立位時の上半身の体重を股関節が受けている。ここでしっかりと体重を受けることがソフトボールのすべての動作で大切になる。

力を発揮するための土台をつくる

全身筋肉量の7割を下半身が占めているという事実を知っているだろうか?

どんなスポーツでも「基本は下半身」といわれるのはこのためだ。全身の7割にも及ぶこの力を上手に使えれば、当然ソフトボールでも大きな力が発揮される。

そのためには股関節に体重を乗せた姿勢を意識したい。この姿勢をつくることで、お尻や太ももなど下半身の大きな筋肉が自然と使えるようになり、フォームが安定し、あらゆる動作で力を発揮する土台ができる。

股関節
に体重を乗せるメリット

お尻や太ももの筋肉が使われ下半身が安定する

上半身の体重を股関節が受け止める

ヒザを曲げて重心を落として背すじを伸ばす。股関節に上半身の体重が乗り、下半身がどっしりと安定するので重いモノも持ち上がる。

上半身の体重を受け止められない

ヒザが伸び猫背のため股関節に体重が乗らない。これでは下半身の筋肉が使えず、腕に頼ることになり重いモノは持ち上がらない。

まとめ

大きな力を生み出すためには、
股関節に体重を乗せて
お尻や太ももの筋肉を使う!

股関節を使う

股関節に体重を乗せて下半身から動き出すことがすべての動作の始まり！

守る

股関節に体重を乗せた捕球姿勢

捕球から送球までの動作には下半身のフットワークが求められる。そのため腰を落として股関節に体重を乗せ、どんな打球にも対応できるようになりたい。

走る

前足の股関節に体重を乗せた走塁のスタート姿勢

ヒザを曲げ前足の股関節に体重を乗せる。ここからグッと荷重できれば前足のお尻や太ももの筋肉が使われて、塁上からのすばやい加速につながっていく。

手に向かいがちな意識を股関節へ

打席ではバットを持ち、守備ではグローブをはめボールをつかむ。常に手で何かを扱うため、意識も当然手に向かいやすい。

しかし14～15ページでもふれたように、大切なことは下半身の力を活かすこと。下記の4枚の写真はそれぞれの初動時をとらえたもの。この瞬間に股関節に体重を乗せ、お尻や太ももの筋肉を使って下半身を安定させることが、次の動作をより力強いものにさせる。意識は手ではなく体重を乗せる股関節に向けておこう。

後ろ足の股関節に体重を乗せたバッティング

後ろ足の股関節に体重を乗せて下半身を安定させたかまえをつくることが大切だ。そこから体重移動と回転運動につながり、力強いスイングが生まれる。

前足の股関節に体重を乗せたピッチング

ソフトボール特有のウインドミルでは、下半身の体重移動がとても大切になる。前足の股関節に体重を乗せてグッとカラダを前に押し出す感覚を身につけたい。

肩甲骨を使う

肩甲骨を寄せることで背中の筋肉が使えるようになる

肩甲骨ってどこ?

背中の左右にある大きな三角形の骨

肩の可動範囲に影響を与える

現代人は猫背の人が多く、肩甲骨が外側に広がっている傾向にある。バッティングやピッチングで肩を力強く使うには肩甲骨を寄せられるようになりたい。

腕は肩ではなく肩甲骨から生える

腕を振るという動作は、腕の力だけでおこなうものではない。そこには背中の力が大きく関わっている。

背中には全体を覆うような大きな筋肉から、肩甲骨と腕や背中をつなぐ小さな筋肉までさまざまある。

これらの筋肉を活かして肩甲骨を安定させることで、腕は強くしなやかに振れる。そのためには腕と背中を連動させる意識を持ちたい。腕と背中をわけて考えるのではなく、腕は肩甲骨から生えているとイメージで腕を振ろう。

肩甲骨を寄せるメリット

肩関節が安定して背中の筋肉も使える

左右の肩甲骨が背中の中心に寄る

肩甲骨を寄せることで、腕を振る動作で肩が安定すると同時に、腕だけではなく背中の筋肉も大きなパワー源として使えるようになる。

左右の肩甲骨が肩の方に広がる

肩が安定しないので腕の振りが不安定になる。また背中の筋肉も使えないので腕に頼った動作になりがち。猫背の人に多い特徴だ。

まとめ

大きな力を生み出すためには、
背中側に肩甲骨を寄せて
肩を安定させ、背中の筋肉も使う！

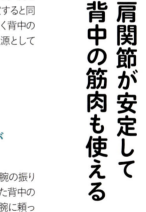

肩甲骨を使う

腕力に頼るのではなく 肩甲骨を寄せて 背中の大きな筋肉も使う！

肩甲骨を寄せて腕を振るピッチング

◎

肩甲骨を寄せて腕を振る

肩が安定し、また背中の筋肉もパワー源に使われるので、力強く腕が振れる。

×

肩甲骨を寄せずに腕を振る

意識がボールを持つ手先に向かうと肩甲骨が寄せられない。これでは腕力に頼った投げ方になり、コントロールが乱れやすい。

肩甲骨を寄せて力と安定性を獲得

スマートフォンの影響か、現代人の背中はどんどん丸まってきている。猫背は日常生活で多くのデメリットをもたらすが、それはソフトボールでも同じ。何よりも、背中の筋肉が使えなくなるので腕力に頼ってしまう。すると肩が力みフォームが崩れる。悪循環だ。

ピッチングでは、腕は遠心力で振るのではなく、肩甲骨を寄せながらヒジを下ろす。バッティングでは肩甲骨を寄せてかまえると、肩が安定してスムーズなスイング動作へとつながる。

肩甲骨を寄せてかまえるバッティング

肩甲骨を寄せてかまえる

肩甲骨を寄せていると動作が安定する。バッティングでは、動作の安定は正確なスイングに欠かせない要素。

肩甲骨を寄せずにかまえる

かまえに正解はないので一概に悪いとは言えないが、肩甲骨を寄せていないのでスイング開始までの動作が安定しない。

動」と「回転運動」が
を生み出す!

体重移動

かまえでは後ろ足の股関節に体重を乗せて下半身を安定させる。そこから後ろ足に体重を残しながら前足をステップする。

すべての動作は下半身から始まる

肩甲骨と股関節を意識すること以外に、大きなパワーを生み出すカラダの使い方がある。それは「体重移動」と「回転運動」だ。

具体的に体重移動とは、後ろ足から前足へ自体重を移動させること。回転運動とは、後ろ足の内ももを前足の内ももにつけるようなイメージで足を回すこと。この二つの動作で生まれる力を活かしたい。大切なことは、二つとも下半身でおこなわれるということ。大きな力を生み出すには下半身始動がベースになる。

下半身の「体重移
大きなパワー

回転運動

内もも同士を合わせるように足が回り始める。この動きに引っ張られるように上半身も回りバットが出る。

体重移動を使う

軸足から移した体重を前足で受け止め回転運動のきっかけをつくる!

後ろ足に体重を残したままステップ

前足ステップの時点では体重は後ろ足に残り、回転も始まっていない。

後ろ足　前足
8：2

→

前足に体重を移して受け止める

この割合は個人差があるが、前足で体重を受け止めることが回転のきっかけになる。

後ろ足　前足
4：6

勢いよく前に体重を移す

右足の股関節に体重を乗せてグッと地面を押し込み前に出る。

後ろ足　前足
2：8

→

左足を前に出し体重をすべて乗せる

大きく踏み出した左足に全体重を乗せ、回転のきっかけにする。

後ろ足　前足
0：10

後ろ足から前足へ体重が移動する

打つと投げるは違う動作だが、力を生み出す過程は同じ。まずは後ろ足から前足への体重移動。それを受けて足の回転運動が起こり、力が上半身に伝わり最後にバットやボールが出てくる。大切なことは、バッティングでもピッチングでも、最初におこなうのは体重移動ということ。

下の写真の数字は両足に乗った体重割合の一例。ともに後ろ足から前足へ体重が移っている。そして前足で体重を受け止めることが回転運動のきっかけとなる。

▶BATTING

バッティング動作でおこなう体重移動

後ろ足の股関節に体重を乗せる

前足を上げるかは人それぞれだが、後ろ足に体重のほとんどを乗せる。

後ろ足　前足
10：0

▶PITCHING

ピッチング動作でおこなう体重移動

カラダを後傾させ後ろ足に体重を乗せる

個人差はあるが一度後ろ足に体重を乗せてステップの勢いをつける。

後ろ足　前足
6：4

回転運動を使う

体重移動を前足で受け止め回転運動が始まり、上半身がついてくる

バットが出る

上半身が後からついてくる

足が回転すると、上半身が後から自然とついてきてバットが出る。

動きを止めずに自然に回る

下半身始動のスイングはバットを最後まで振り切ることで終わる。

ボールが出る

上半身も追随しボールが出る

足の回転に連れて上半身が回りボールが最後に出てくる。

すべての力を手に集約させる

下半身から生まれた力を体幹を通して、ボールを持つ手に伝える。

上半身は自然と後からついてくる

前足で体重を受け止めると同時に始まるのが回転運動。この回転は「腰や肩を回す」のではない。後ろ足の内ももを、前足の内ももに合わせるように「足を回す」のだ。

この表現はとても難しいが、意識として下半身から回る。ここで意識が上半身に向かうと腰や肩から先に回ってしまう。これはよくある代表的なNGで「カラダの開きが早い」というもの。あくまでも回転は下半身であり、上半身はその動きに連れて後からついてくるのだ。

▶BATTING
バッティング動作でおこなう回転運動

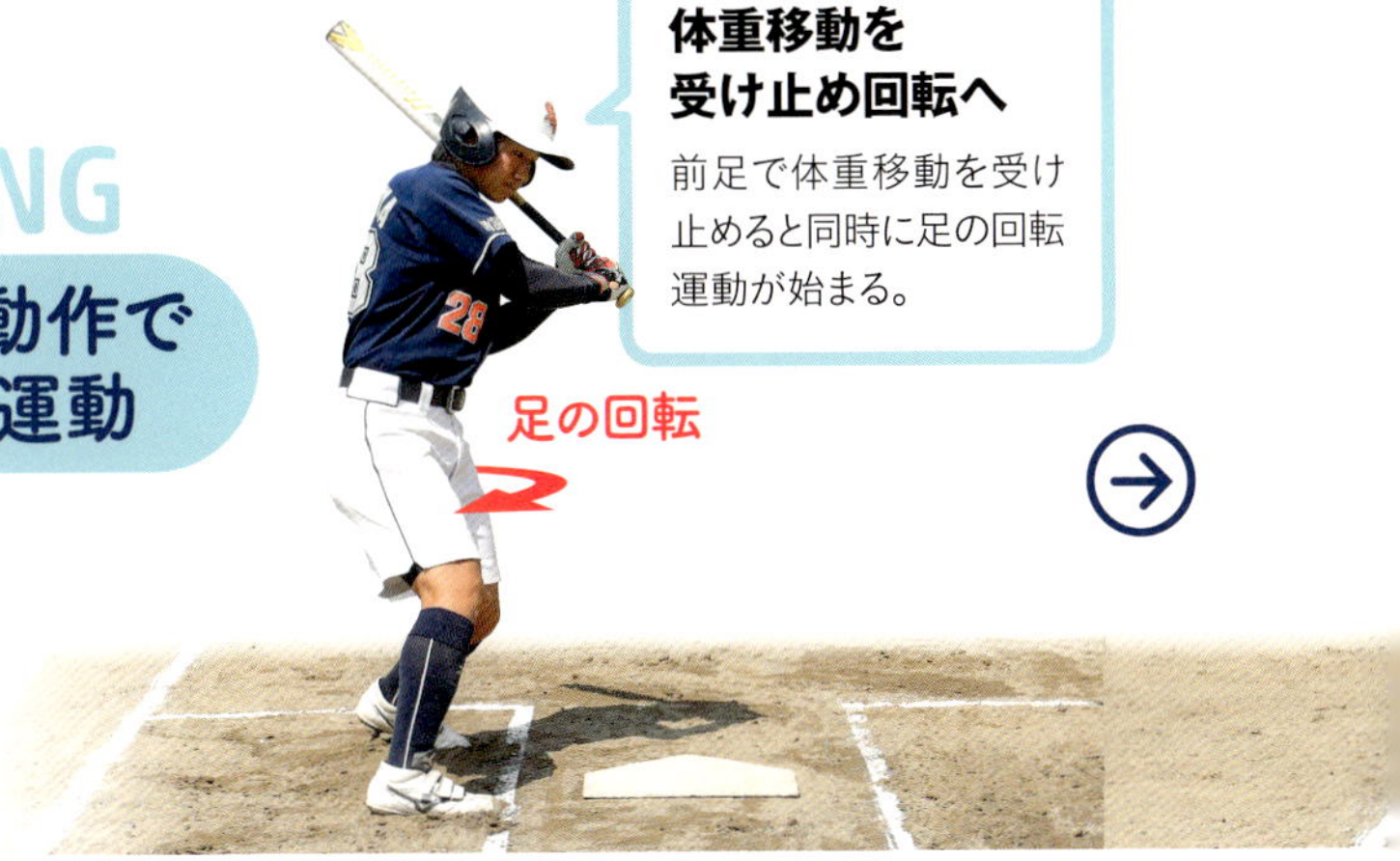

体重移動を受け止め回転へ

前足で体重移動を受け止めると同時に足の回転運動が始まる。

▶PITCHING
ピッチング動作でおこなう回転運動

前足への体重移動から回転運動へ

半身のまま前足を大きく前に踏み出したら、足の回転が始まる。

COLUMN

コラム

1

園田流指導の心得

園田学園女子大学ソフトボール部では、「いつの間にか上達している」練習法を通して指導することを心がけています。「今の感じよかった！」「今、ボールの回転が良くなった！」など、選手自身が良い感覚を、少しでも効率よく体感できる指導や声掛けが大切だと考えているからです。

欠点を指摘するばかりでは選手の上達は望めません。たとえば、ヒジが下がる選手に「ヒジを上げろ」と指導するのではなく、まず指導者がヒジが下がる原因を見つけ、その原因を選手自身に気づかせるヒントを与えられるかが、指導者の腕の見せどころです。欠点を指摘するだけでは選手の動きがぎこちなくなるだけです。

また、失敗した選手を責めたり怒ったりすることも同様です。そのような指導を続けると、選手は怒られないプレーだけを選択するようになり、チャレンジ精神や向上心が芽生えなくなります。少しでも良くなることがあれば承認して褒める。選手一人ひとりの頑張りを認めることが大切です。ソフトボール指導をされている方には、「ナイスボール！」「良くなったよ！」「頑張ってるね！」などの声掛けをぜひお願いしたいと思います。

園田学園女子大学ソフトボール部監督　木田京子

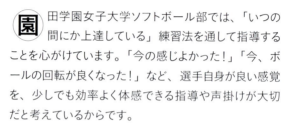

1章

はじめてのキャッチボール

キャッチボールはすべての動作の基本。そこには関節の使い方から体重移動、回転運動まですべてが含まれているので、ステップアップドリルでマスターしよう。

キャッチボールが苦手な人でもできる！

投球動作をさかのぼるステップアップドリルで力の加わり方を体感

必要な力 3　腕のしなりで生まれる力

ボールを上からつかみ、胸を張ってヒジから前に出すことで生まれる腕の振りの力。

ドリルで習得！

ステップ 3　正面キャッチボール

➡P36

腕をしならせて投げる動作を確認するための練習ドリル。

必要な力 4　手首と指のスナップで生まれる力

人差し指と中指でボールを押し出すことで生まれるリリースの力。

ドリルで習得！

ステップ 2　あお向けキャッチボール

➡P34

人差し指と中指で正確にリリースするための練習ドリル。

ステップ 1　1人キャッチボール

➡P32

瞬時に正しい握り方ができるようにするための練習ドリル。

◀◀◀キャッチボール技術習得の順

動作を分解して頭とカラダで理解

この章では基本となるキャッチボール動作をさかのぼることで、力の生まれる発生源を一つずつ体感できるつくりになっている。

スポーツ動作はとても難しい。腕や足を同時に動かすので、動きの順番や、どの動作でどんな力が生まれているのかを理解していない人も多い。もちろん、わからなくても自然にできる人もいるが、基本となるキャッチボールだからこそ、動作を一つひとつ分解し、頭とカラダの両方で理解することから始めよう。

ボールを投げるために必要な力の順▶▶▶

必要な力 1　後ろ足から前足への体重移動で生まれる力

まずは後ろ足に乗った体重をステップした前足に移すことで生まれる体重移動の力。

ドリルで習得!

ステップ 5　ワンバウンドキャッチボール

➡P40

体重移動からリリースまですべての力を使って投げる練習ドリル。

必要な力 2　回転運動で生まれる力

前足ステップ後に足を回転させることで生まれる回転運動の力。

ドリルで習得!

ステップ 4　上からつかみキャッチボール

➡P38

腕の振りにプラスして回転の力を使って投げる練習ドリル。

DVD 1-1

ステップ1

ボールを握る

ボールをすばやく正確に握るための1人キャッチボール

STEP UP ドリル1
1人キャッチボール

1 ボールを正しく握る

人差し指と中指の間にボールの中心がくるような握りですばやくつかむ。

2 グローブのポケットで受ける （ポケット→P43で解説）

グローブの網ではなく、中心のポケットに向かって投げる。

握りの正確さとスピードを意識

まず覚えてもらいたいのは、人差し指と中指の間がボールの中心になる握り。

投球動作の最後はこの2本の指でボールを押し出して力を加えるので、等しく力を加えられるように人差し指と中指の間をボールの中心とするのだ。

また塁間の短いソフトボールでは、捕球から送球までのスピードが求められるため瞬時に正しくボールを握ることも大切。ドリルの1人キャッチボールでは、握りの正確さと握るスピードを意識してやってみよう。

この技術を身につけたい!

人差し指と中指を縫い目にかける

人差し指と中指の第一関節を縫い目にかけ、その間がボールの中心になるように握る。

親指と薬指で下から支える

手のひらはボールにつけず、少しだけすき間を空けておくと手首が柔軟に使える。

手が小さい人は!

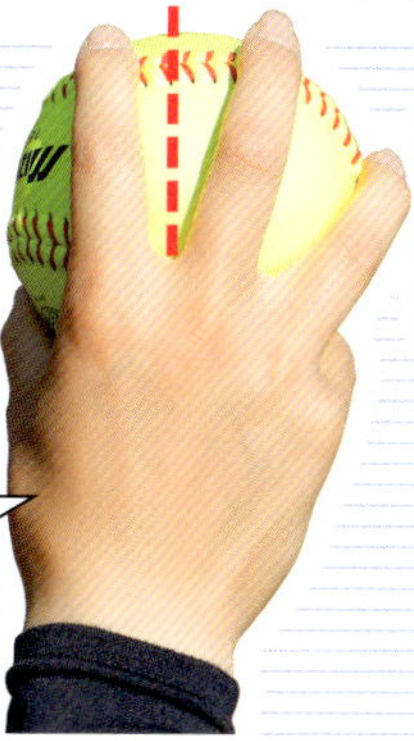

3本の指を縫い目にかけて親指と小指で下から支える

ボールが大きく感じるときは3本の指を縫い目にかけてもOK。

落とし穴

親指と小指で強く押さえると手首が動かなくなる

手のひらにすき間を空けずに、親指と子指で挟むようにボールを握ると、手首のスナップを利かせて投げられない。

DVD 1-2

ステップ2

指先で押す感覚が身につく あお向けキャッチボール

ボールに回転をかける（リリース）

STEP UP ドリル2 あお向けキャッチボール

1 ボールを握って あお向けになる

真上に向かってボールを投げるため まずはあお向けになりボールを握る。

2 ボールを真上に 向かって投げる

人差し指と中指でボールを押し出す意識で真上に投げる。きれいなバックスピンがかかると真下に戻る。

正しく押し出せれば縦回転がかかる

握りの次は、ボールに回転をかけるリリースだ。

大切なことは、縫い目にかけた人差し指と中指で等しくボールを押し出すこと。するとボールには縦回転（バックスピン）がかかり、鋭くて速いボールを投げることができる。片方の指の力が強くなるとボールに横回転がかかり曲がってしまう。

ドリルのあお向けキャッチボールでは、２本の指で等しくボールを押し出すことができれば、真上に上がったボールは、そのまま真下に戻ってくる。

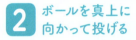

この技術を身につけたい！

1 人差し指と中指を縫い目にかけて握る

33ページの正しい握り方を意識してボールをつかむ。

2 手首を返すと親指から離れていく

手首を返すと、まずは親指、次に薬指がボールから離れる。

3 最後に縫い目にかけた2本の指で押し出す

縫い目にかけた人差し指と中指でボールを切るように押し出すことでバックスピンがかかる。

落とし穴

手のひらで押し出すとボールに回転がかからない

砲丸投げのように投げると指先で押し出せないのでバックスピンがかからず、山なりのボールになる。

DVD 1-3

ステップ3

腕を振って投げる（腕の使い方）

腕の使い方が身につく正面キャッチボール

STEP UP ドリル 3

正面キャッチボール

1

7mほど離れて向かい合う

あらかじめ正面を向くことでカラダを回転させずに投げる。

2

ボールとグローブを割り円を描き両腕を上げる

胸の前でキャッチしたらボールをつかみ、円を描くように腕を左右対称に動かす。

3

グローブを引き寄せ腕を振って投げる

カラダに引き寄せるグローブと入れ替わるように腕を振り、カラダの回転を使わずに投げる。

上からつかめば腕がしなやかに振れる

リリースの次は、腕の使い方だ。一般的に投げるときはカラダを横に向け、回転運動の力を使うが、ここでは腕の使い方だけを体感してほしいので、カラダを正面に向けたまま投げる、正面キャッチボールドリルをおこなう。

身につけたい技術は、胸の前でボールとグローブを割り、そのまま左右の腕で対称的な円を描く動作。このときボールを上からつかみ持ち上げることで、自然とヒジから前に出て、しなやかに腕が振れる。

この技術を身につけたい！

1 胸の前でグローブとボールを割る

ボールとグローブを離すことを「割る」という。両腕を左右対称に弧を描きながら下ろしていく。

2 ボールを上からつかんで持ち上げる

ボールを上からつかんだ状態で、両腕をヒジから動かすイメージで弧を描きながら上げていく。

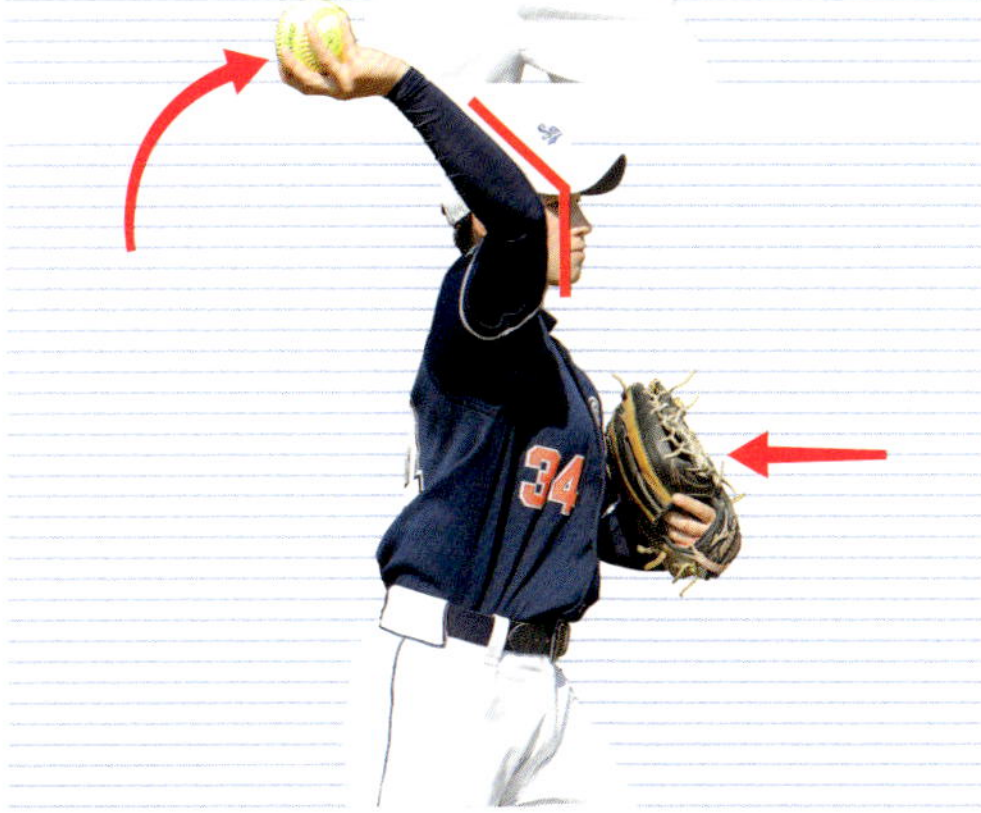

3 左右の腕の動きが入れ替わる

グローブをカラダに引き寄せる動作と入れ替わるように、ボールをつかんだ腕のヒジから前に出してボールを投げる。

落とし穴

ボールを下からかつぐと腕がしなやかに振れない

上の写真の**2**のときにボールを下からかつぐとヒジが下がり、**3**のときにヒジから前に出せず、スピンの利いたボールが投げられない。

DVD 1-4

ステップ4

横を向いてから投げる（回転運動）

下半身の回転が身につく 上からつかみキャッチボール

STEP UP ドリル4 上からつかみキャッチボール

1

7mほど離れて2人と1人に分かれて立つ

技術を身につけたい人の方に補助役をつけて2人と1人に分かれて立つ。

2

座っている人がボールを下から上に投げる

補助役がボールを下からトスする。投げる人は上からボールをつかむ。

3

回転動作を使って腕を振って投げる

カラダを回転させた後に腕をヒジから前に出すように振り、離れた相手に投げる。

下半身の回転に上半身がついてくる

腕の振りの次は、カラダの回転だ。36ページでは正面を向いたまま投げたが、ここではカラダを横に向けた状態から投げ始める。腕の力に回転の力が加わることで、球がどのくらい速くなるのかを体感できる。

ここで身につけたいことは、内もも同士を合わせるように下半身を回転させる感覚。そして、その回転に追随し上半身が後から回るという回転の時間差。これによって体幹がねじれ、強い力が生まれる。ドリルでは回転の時間差を意識してみよう。

この技術を身につけたい！

1 内もも同士を合わせる

（前足をステップしたら）内もも同士を合わせるように下半身を回し始める。

2 下半身が回ってから上半身が追随

下半身の回転運動に引っ張られるように後から上半身が回り始める。

3 最後にヒジから腕が前に出る

下半身、上半身という順で動き、最後に腕がヒジから前に出る。

落とし穴

下半身と上半身が同じタイミング

上と下が同じタイミングで回転すると「カラダの開きが早い」状態になり、強い球が投げられない。

DVD 1-5

ステップ5

ステップして投げる（体重移動）

下半身の体重移動が身につく ワンバウンドキャッチボール

STEP UP ドリル5

ワンバウンドキャッチボール

1 5mほど離れて向かい合う

ワンバウンドで投げるのであまり離れすぎず5mを目安に距離をとる。

2 体重移動と回転運動を意識してワンバウンドで投げる

今まで習得した力を伝える技術をすべて使ってワンバウンドで投げる。強く投げられないと相手に届かない。

最大のパワー源は下半身の体重移動

最後はステップしてから投げる体重移動だ。ボールを投げるうえで、最大のパワー源が体重移動の力であることが、ドリルのワンバウンドキャッチボールをすると理解できる。

　そもそも体重移動なしにワンバウンドで強いボールを投げることは難しい。後ろ足に体重を乗せてから前足を踏み出す体重移動が投球動作の始まりなのだ。そこからは、これまで習得した力を活かし、そのすべてをボールを持つ腕にムダなく伝えて投げる。

この技術を身につけたい！

1 お尻から前に出し少しずつ体重移動

後ろ足の股関節に体重を乗せたら、お尻から前に出し少しずつ体重移動を始める。

2 前足で体重を受け止める

踏み出した前足で体重を受け止める。これが回転運動へのきっかけになる。

3 下半身の回転後にヒジから出して投げる

下半身の回転に後から上半身がついてくることで体幹がねじれて力が生まれる。

落とし穴

体重移動が早いと下半身の力を使えない

体重移動が早すぎるのはダメ。後ろ足の内ももに力を入れお尻から前に出すようにジワジワと移すことで、下半身を粘り強く使える。

DVD 1-6

捕る1

捕球位置別グローブの使い方

グローブの使い方

ボールの高さによってグローブの向きを変える

おヘソを基準に上と下で分ける

おヘソより上のボールはグローブは上か横向き。おヘソより下では横か下向きになる。

網ではなくポケットで捕る

キャッチボールは、当然捕球技術も求められる。ここではまず、基本的なグローブの使い方を解説する。グローブの向きはおヘソの高さを基準とする。おヘソより高いボールは上向き、おヘソより下のボールは下向きにしてグローブを出す。

ボールを捕るのはグローブの網ではなく、中心のポケットと呼ばれるところ。特に速いボールや打球の場合、網では勢いに負けて後ろに弾いてしまうことがあるので、しっかりポケットで捕るクセをつけておこう。

ポイント

グローブの中心でボールを受けるクセをつける

ポケットで捕る

グローブの中心をポケットと呼び、ここにボールが収まれば後逸することが少なく、ボールの持ちかえもすぐにおこなえる。

網の方で捕る

網の方でボールを捕ると、指の力が伝わりづらいのでボールが落ちやすい。

上達のコツ

窓を拭くようにヒジを支点にして動かす

腕はまっすぐ伸ばすのではなく、ヒジを支点にして360度すぐに動かせるようにしておきたい。腕を伸ばすと動きがぎこちなくなり、捕球ミスにつながりやすい。

DVD 1-7

捕る2

踏み出して捕る

捕球から送球をスムーズにする足のステップを覚えよう

3 左足を踏み出してスムーズに送球する

ポイント

左足は投げたい方向に踏み出す

左足を投げたい方向に踏み出して送球する。

右足の踏み出しが送球の1歩目

投げることと、捕ることがある程度身についたら、その二つを流れでおこないたい。つまり、捕球から送球をスムーズにおこなうということ。これは塁間の短いソフトボールではとても大切な技術なので、しっかりと身につけよう。

大切なことは、棒立ちではなく右足を踏み出しながら捕球すること。この右足を送球の1歩目にすることで、捕球から送球へスムーズにつながる。そして左足を投げたい方向へ踏み出せば、すぐに投げられる。

1 捕球動作と同時に右足ステップ開始

ボールを捕球する直前に右足を上げて送球のための準備をする。

2 捕球した瞬間に右足を着地させる

捕球と同時に右足を前に下ろす。これが送球のための1歩目のステップになる。

上達のコツ

腕は伸ばさずカラダの近くで捕球する

捕球時に腕を伸ばすと動きが硬くなると同時に、グローブをカラダに引き寄せる時間分だけロスをする。捕球はヒジを曲げてカラダの近くでおこなうこと。

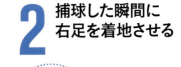

DVD 1-8

弱点克服ドリル

強いボールを投げる練習法

コレが苦手！

伸びるような強いボールが投げられない

考えられる理由

なぜ、強いボールを投げられないのか？

- 腕の力に頼って投げている
- 体重移動ができていない
- ボールを下からかついでいる

ボールを持っている手に意識が向かうのが大きな原因。手で投げる意識が強いと肩に力が入り、下半身の体重移動もおろそかになる。下半身始動の投げ方を意識しよう。

克服のポイント！

後ろ足から前足への体重移動の感覚をつかむ

お尻からジワジワと体重移動

後ろ足の内ももに力を入れながら、お尻から前に出して少しずつ移動。

すぐに前足を下ろしてしまう

下半身の力を利用できず、上半身の回転のタイミングも早くなり、力が出ない。

コレで克服！
強いボールを投げる練習法
スクワットキャッチボール

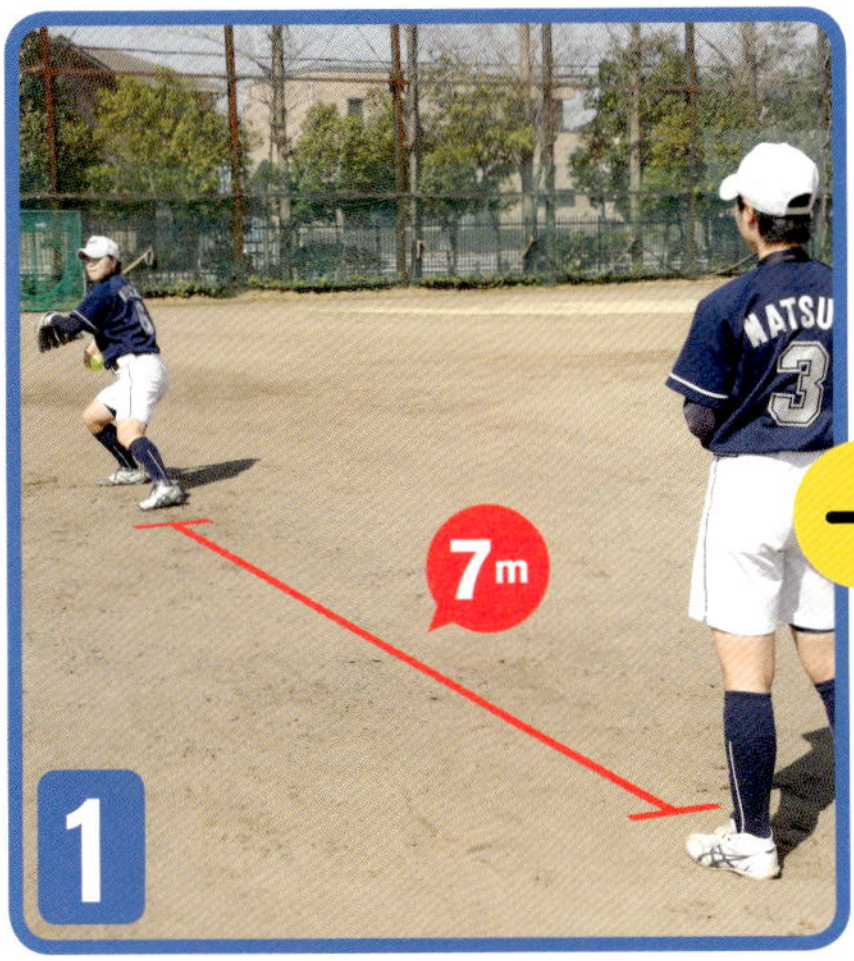

7mほど離れて向かい合う

お互いに投げ合うので、7mを目安に肩の強さなどを考慮して距離を決める。

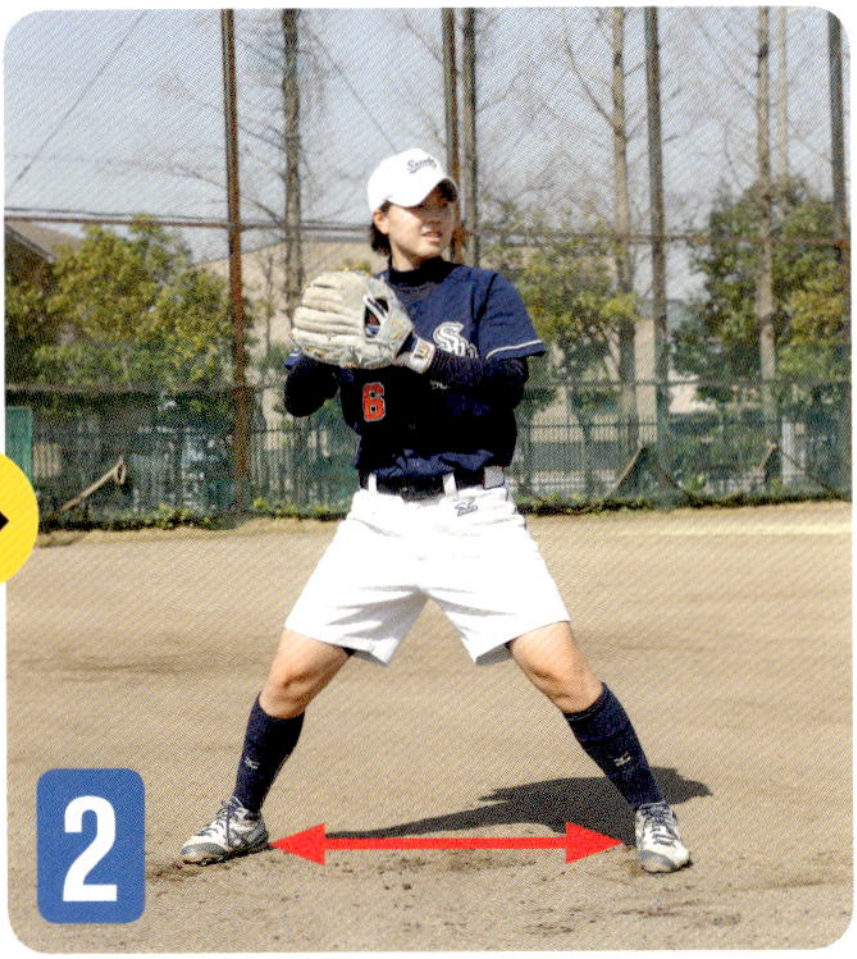

投げる前に足を前後に大きく開く

投げる前に、体重移動を意識しやすくするために足を大きく前後に開く。

前足、後ろ足の順で体重を乗せかえる

最初は前足、次に後ろ足というように体重を前後に大きく移動させる。

再び前足に体重を乗せた勢いで投げる

再び前足に体重を移動させるタイミングでカラダを回転させてボールを投げる。

DVD 1-9

弱点克服ドリル

捕球と送球をスムーズにする練習法

コレが苦手！

捕ってから投げるまでの動作がぎこちない

考えられる理由

なぜ、捕球と送球がスムーズにいかないのか？

- 捕る、投げるを分けて考えている
- 腕を伸ばして捕っている
- 送球するためのステップができていない

試合では「捕る」と「投げる」は一連の流れでおこなわれるが、できない人は別々に考えていることが多い。腕を伸ばしたり、足を止めたまま捕ると送球動作につながらない。

克服のポイント！

ヒジを曲げステップしながら捕球するクセをつける

ヒジを曲げカラダの近くで捕る

右足を前に踏み出しながらもヒジは曲げてカラダの近くで捕球する。

腕を伸ばしてボールを捕る

ボールを捕る意識が強いと腕が伸びてカラダから離れてしまう。

コレで克服！

捕球と送球をスムーズにする練習法
3人キャッチボール

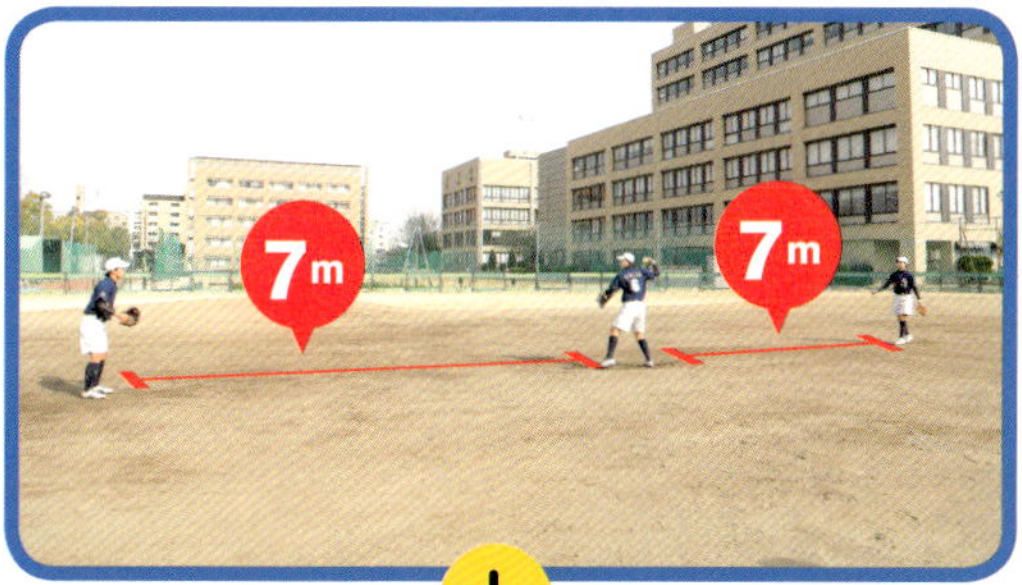

1
7m間隔で縦に3人並ぶ

7m 間隔を目安に縦に3人並ぶ。中央の人が最も難易度が高くなる。

2
両サイドの人は前に踏み出し捕球

捕球のタイミングに合わせて右足を前に踏み出す。ヒジを曲げてカラダの近くで捕りすぐに送球動作へつなげる。

3
中央の人も前に踏み出すが

捕球のタイミングに合わせて右足を前に踏み出すまでは両サイドの人と同じ動作になるが、２歩目が変わる。

4
ターンをして送球方向に踏み出す

踏み出した1歩目を軸足としてターンをし、２歩目の左足を送球方向に踏み出して投げる。

DVD 1-10

\ 弱点克服ドリル /

すばやく正確に投げる練習法

コレが苦手！

狙ったところに、すばやく正確に投げられない

考えられる理由

なぜ、投げたいところにすぐに正確に投げられないのか？

- 捕球から送球のイメージができていない
- 投げる方向に足を踏み出していない
- 下半身を使わずに手だけで投げている

握りなど要因は複数あるが、基本的に正確に投げるには投げたい方向に2歩目を踏み出すこと。また捕ってから慌てないように送球方向も事前にイメージしたい。

克服のポイント！

送球したい方向に左足をステップする

右足を前に出して捕球する

1歩目の右足は基本的にボールに向かって踏み出す。

投げたい方向へ左足を出す

2歩目の左足を投げたい方向に踏み出してから送球する。

コレで克服！

すばやく正確に投げる
4〜5人キャッチボール

1
1辺が7mの正方形をつくる

まずは4人で1辺が7m程度の正方形をつくる。1辺が狭いほど捕球と送球のリズムが速くなり難易度が増す。

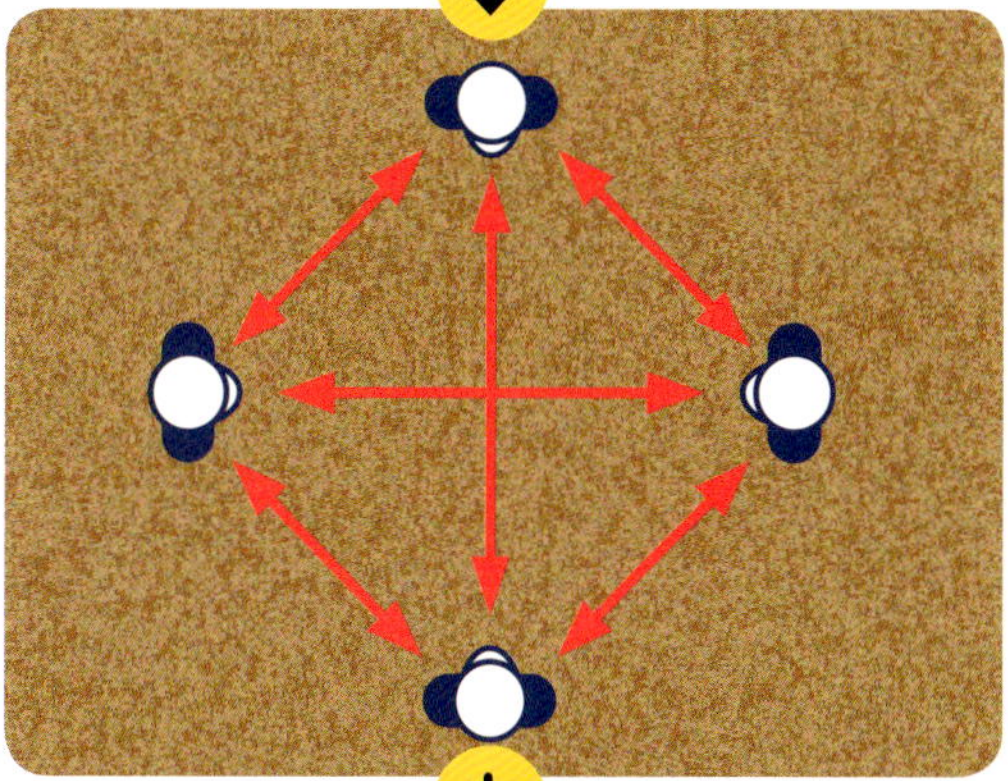

2
投げる方向はランダムでOK

最初は時計回りや反時計回りに投げ、慣れてきたらランダムに投げてみよう。

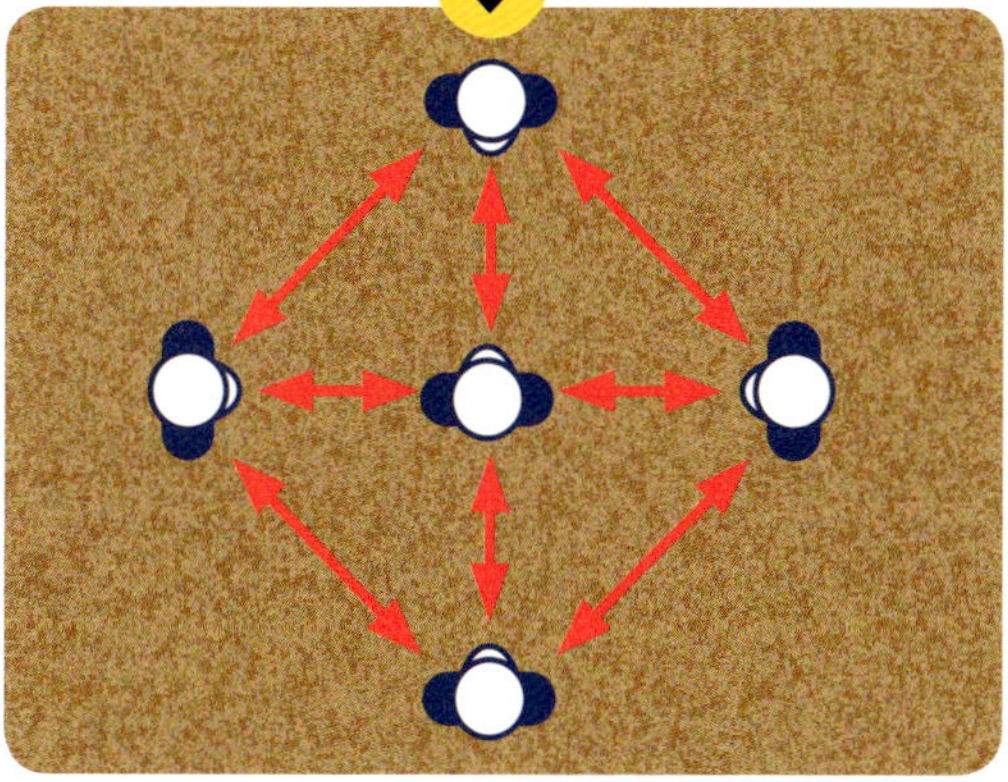

3
慣れてきたら中央に5人目を配置

慣れてきたら中央に5人目を配置して同じように捕球と送球をテンポ良く、くり返しおこなおう。

COLUMN

コラム

2

失敗をおそれない！

失敗を恐れ、プレーが硬くなることは誰にでもあります。「エラーしたらどうしよう」「三振したらどうしよう」など、試合ではネガティブなことばかりが頭をよぎります。これが良くないということは百も承知です。それでも考え、硬くなり失敗してしまうのです。そんなときは、「次の課題が見つかった！」とポジティブに捉えてみましょう。ありきたりな言葉ではありますが、「失敗は成功のもと」です。失敗をした経験は、見方を変えれば、次への課題を見つける貴重な体験なのです。

　また、それと同時にソフトボールはチームスポーツであることを思い出しましょう。ミスをした後は、いつまでも下を向いているのではなく、大きな声を出すなど、今できる全力プレーをするのです。すると、そのプレーがみんなにも伝わり、だれかがそのミスをカバーしてくれます。あなたの次にはヒットを打ってくれるネクストバッターが、あなたの前にはピンチを抑えてくれるピッチャーがいます。チームみんなでカバーし合い、勝利のために頑張るのです。一人で試合はできませんが、一人ひとりがチームをつくり、試合をつくっているという気持ちを忘れないでください。

園田学園女子大学ソフトボール部監督　木田京子

2章

下半身から力を伝える
バッティング

バッティングに必要な力は、バットを持つ腕ではなく、下半身から生まれる。この章では下半身からバットを持つ腕へと、力を上手に伝えるスイングを解説する。

3 トップ

グリップ位置を後ろに残したまま前足をステップする。グリップと前足の距離が最も離れるこの瞬間をトップと呼ぶ。

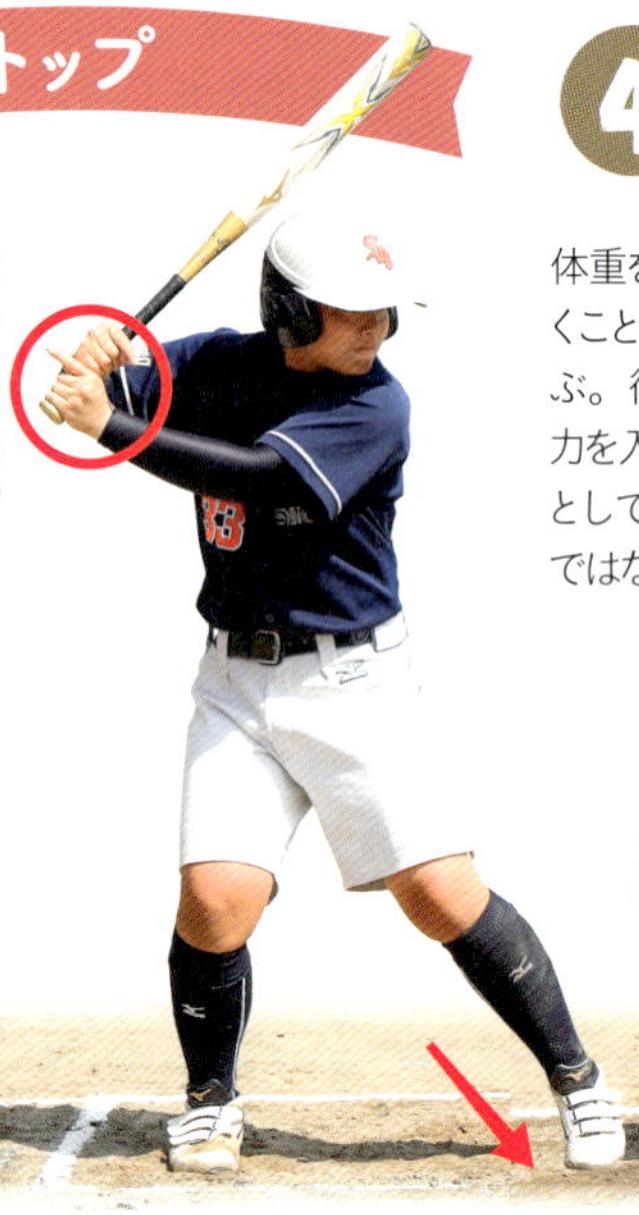

4 体重移動

体重を前足に移していくことを体重移動と呼ぶ。後ろ足の内ももに力を入れながら、意識としてはパッと移すのではなくジワジワ移す。

まずはバッティング動作や名称を一つずつ確認しよう!

7 インパクト

インパクトとはボールをとらえる瞬間のこと。前の腕が伸び切る直前のカラダの前でインパクトできると強くボールを押し込める。

8 フォロースルー

フォロースルーとはインパクト後の動作のこと。きれいなレベルスイングができていると、インパクト後に手首が自然に返る。

ソフトボールのバッティング

1 かまえ

かまえに絶対の正解はないが、後ろ足股関節へ体重を乗せて下半身を安定させることは多くのバッターに共通しているポイント。

2 テイクバック

かまえからグリップを後ろに引く動作をテイクバックと呼ぶ。強いスイングには必要な予備動作だが大きすぎると振り遅れにつながる。

5 回転運動

後ろ足の内ももを前足の内ももに近づけるようなイメージで下半身を回す。体重移動から回転運動へ移行し、力が上半身へと伝わっていく。

6 振り出し

下半身始動でおこなわれた回転運動が肩まで伝わり振り出される。バットは振り下ろすのではなく、水平に振り出す。

DVD 2-1

スイング1

かまえ方

バットの握りとかまえは力まずリラックスが基本

手のひらで自然に握る

手のひらを広げて
その中央にバットを置く。

自然に軽く握る程度で OK。力いっぱい握ると手首が硬くなる。

ポイント

かまえでは軽く、インパクトの瞬間に強く握る

自分に合ったかまえを見つける

かまえに絶対的な正解はないが、ここではこれから始める人が自分のかまえをつくるうえで知っておきたいポイントを紹介する。

まずは目。両目でしっかりボールを見る。前足を少し引くと顔を前に向けやすくなる。次にグリップ位置。すぐにトップをつくれるように後ろの肩あたりでかまえる。最後に握り。インパクトで前ワキが空かないように、左腕の手首を伸ばさずにシワができるくらい絞って握る。ただし力は入れずに軽く握ること。

基本は肩の近くでかまえる

前の手首にシワができるように絞って握り、後ろの肩口でかまえる。

顔を正面に向け両目でボールを見る。またヒザはかるく曲げる。

ポイント

リラックスしながらも下半身はドッシリ安定させる

上達のコツ

後ろ足の股関節に体重が乗っている

股関節に体重を乗せることで後ろ足のお尻や太ももの筋肉が使え、下半身が安定する。かまえに正解はないが、この股関節への荷重だけは忘れないように。

スイング1

かまえ方のつづき

かまえは人それぞれなので自分に合うものを見つけよう

本人コメント バットの出しやすさと、低めのさばきやすさを重視してこの形になりました。またピッチャーを両目で見ることも意識しています。

本人コメント 後ろ足に体重をすぐに乗せられて、一気に力が出せるように、最初のスタンスを狭くしています。

本人コメント トップの位置にスムーズに入りやすくすることを意識した結果つくられた、私の中で一番ラクなかまえ方です。

本人コメント スタンスは狭くするより、広い方がボールに力が伝わりやすく感じたので、広めにしています。

本人コメント スタンスが狭い方が振り出すときに力が加えやすいので、この形になりました。また後ろ足の股関節とヒザのタメも意識しています。

本人コメント ヒザを曲げると、テイクバックで目線をブラさずに股関節に体重を乗せられます。またワキを空けると、トップを大きくつくれます。

DVD 2-2

スイング2

トップをつくる

テイクバックは小さくとり すばやくトップをつくる

3 すばやくトップをつくる

ポイント
グリップエンドをキャッチャーに向ける

グリップを後ろに残したまま前足をつきトップをつくる。

バランスのよいトップ位置を探る

かまえからグリップを一番後ろに引いた状態をトップと呼ぶ。トップをつくることはスイングの準備動作であり、トップが深い（後ろに引くほど）とスイングは加速し、トップが浅いとスイング速度は落ちる。大まかにいえば、トップの深さとスイング速度は比例している。

しかし、だからといって深すぎると振り遅れてしまう。ピッチャーからバッターまでの距離が短いソフトボールでは、いかにバランスのよいトップ位置を見つけるかが大切になる。

1 後ろ足に体重を乗せる

フォームは人それぞれだが股関節への荷重は共通事項。

2 グリップを引く

後ろ足や目線は動かさずグリップだけを後ろに引く。

上達のコツ

後ろの腕の肩甲骨を寄せてトップをつくる

トップのときに後ろの肩甲骨を寄せられると振り出しが安定し、背中の筋肉も使えるのでスイングが加速する。

DVD 2-3

スイング3

振り出し

下半身始動でおこなわれる体重移動と回転運動

1 トップから前足への体重移動を開始

後ろ足に乗せた体重を少しずつ前足へ移動させる。

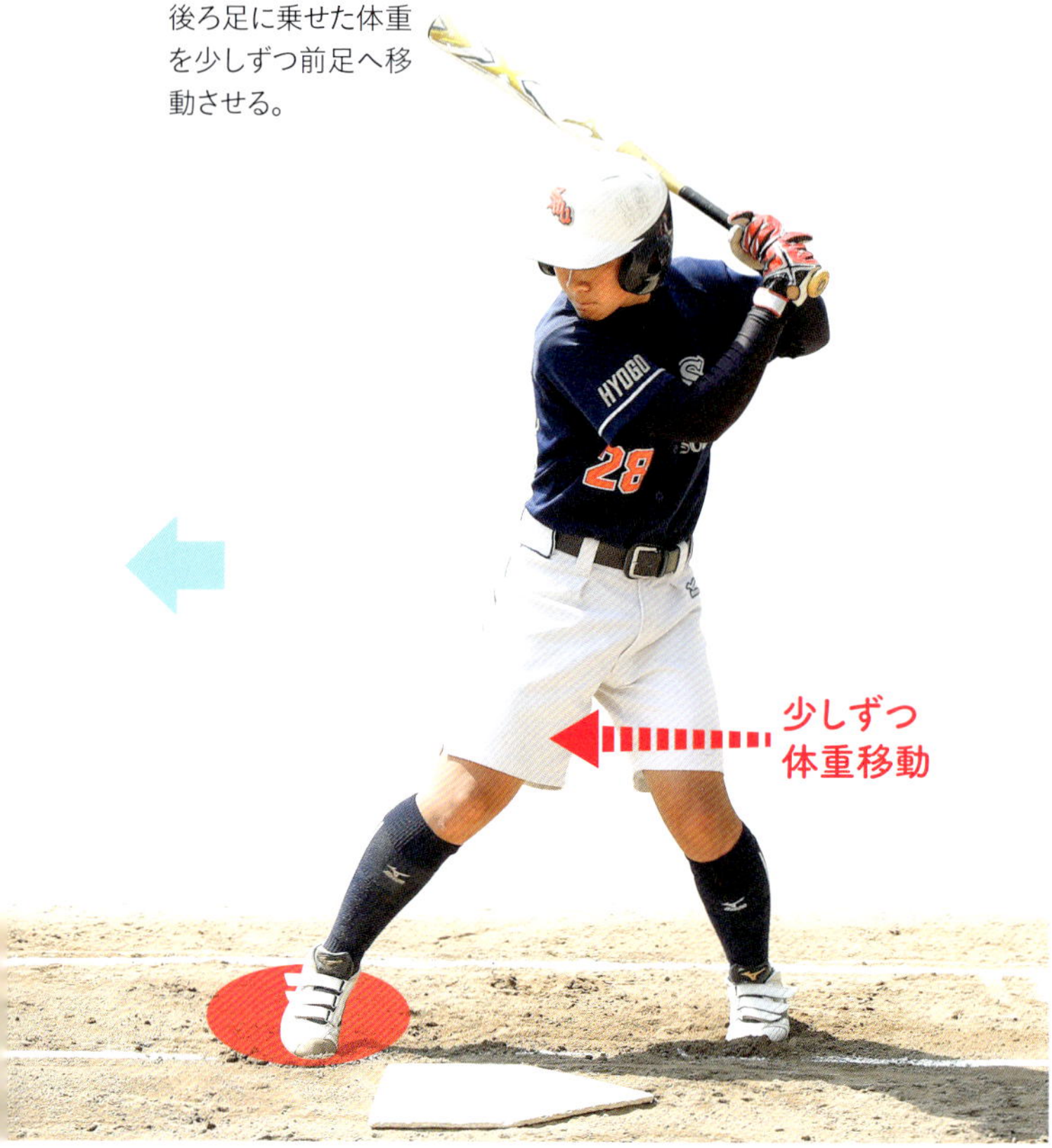

上に向かいがちな意識を下に向ける

トップの次はいよいよ振り出しだ。これまでの説明のとおり、下半身始動による体重移動と回転運動の力を活かすことで、力強いスイングは可能になる。

　打席では、当てる意識が強すぎると肩に力が入り、腕に頼ったスイングをしてしまう。そうなるとピッチャーの思うツボ。腕だけで当てにいっても、打球は遠くに飛ばない。上半身に向かいがちな意識を抑え、大きな力が発揮される下半身始動のスイングができるように、くり返し練習しよう。

2 前足に移ると同時に回転運動が始まる

前足で体重を受けたら内もも同士を合わせるように下半身を回す。

3 下半身の回転に追随し上半身が回る

下半身が回転することで後から上半身も回り、グリップからバットが出る。

ポイント
上半身は後からついてくる

上達のコツ

体重移動と回転運動のタイミングをつかむ

両者が同じタイミングでおこなわれると「カラダの開きが早い」スイングになる。下半身始動で上半身は後からついてくることを確認しよう。

DVD 2-4

スイング4

寝たバットを水平に振り出し ボールを線でとらえる

スイング軌道とインパクト

ボールの軌道にバットを入れるイメージでスイングする。

レベルスイングで真後ろから叩く

最後はスイング軌道とインパクトだ。理想のスイング軌道は水平に振り出すレベルスイング。ボールの軌道へ入れるようにスイングすればボールを線でとらえられる。線でとらえるということは、それだけボールをとらえるタイミングが広がることなので、緩急や変化をつけられてもギリギリまで見極められる。次はインパクト。グリップはこの瞬間だけ強く握り、理想はレベルスイングのままボールを真後ろから叩きたい。これができれば打球は飛ぶ。

トップから振り出す直前で
バットは自然に寝る。

グリップをボールに当てる
ようなイメージで振り出す。

ボールを真後ろから押し
込むようにインパクト。

上達のコツ

叩きつけるスイングは線ではなく点になる

上から振り下ろすスイングではボールの軌道と交わるのは1点のみ。しかも上から叩きつけるのでホームランになるような大きな打球を打つこともできない。

DVD 2-5

＼弱点克服ドリル／

ミート力を高める練習法

コレが苦手！

甘いコースでもボールをしっかりミートできない

考えられる理由

なぜ、ボールをしっかりミートできないのか？

- レベルスイングができていない
- 下半身が安定していない
- 両目でボールを見ていない

上からまず振り下ろすダウンスイングではボールとバットが交わるのは１点のみなのでミートしづらい。水平に振るレベルスイングならボールを線でとらえられる。

克服のポイント！

ボールの**軌道に入れるように**スイングする

バットを水平に振り抜く

振り出しで寝たバットをそのまま水平に振り出せばボールを線でとらえられる。

バットを上から振り下ろす

上からボールを叩きつける打法では正確にミートするのは難しい。

コレで克服！

ボールをしっかりミートする練習法
ライナートス

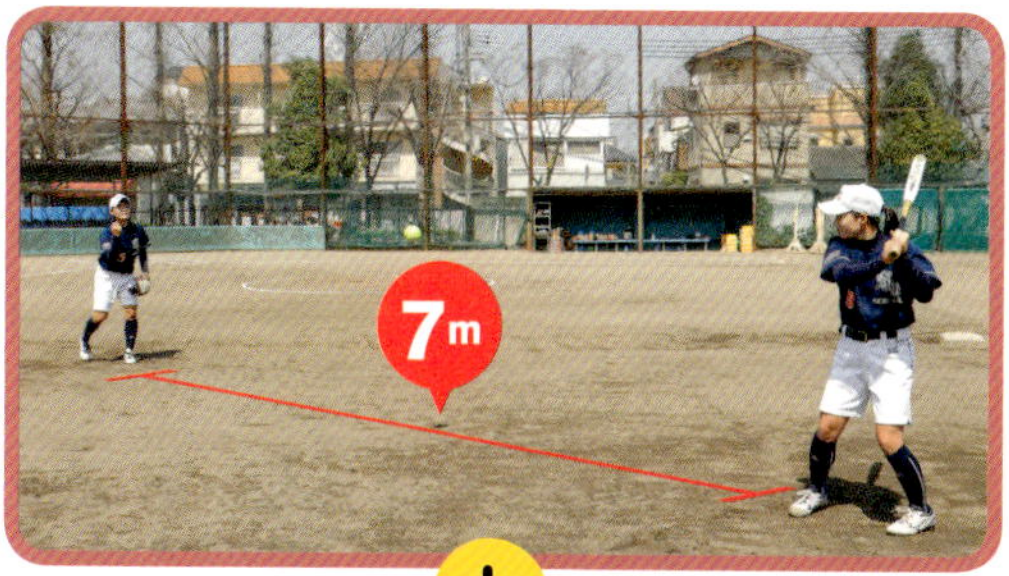

1
7mほど離れて前からトスしてもらう

ライナーで打ち返すことを考えて７ｍほどを目安に距離をとる。

2
ボールの軌道に入れるように振り出す

トスされたボールの軌道にバットを入れるイメージで水平に振り出す。

3
地面と平行なレベルスイング

ボールを真後ろから正確に叩くことを意識してスイングする。

4
ライナーやフライでボールを打ち返す

スイング軌道の確認練習ではあるが極端な手打ちにならないように。

DVD 2-6

\ 弱点克服ドリル /

打球を飛ばす練習法①

コレが苦手！

当たっても打球が遠くに飛ばない

考えられる理由

なぜ、打球が遠くに飛ばないのか?

- ☑ 当てようとする意識が強い
- ☑ 下半身始動ができていない
- ☑ スイングスピードが遅い

初心者の方で多いのが、ボールをバットに当てる意識が強く手打ちになっているスイング。これでは当たっても打球は遠くに飛ばない。下半身始動のスイングを身につけよう。

克服のポイント！

スイングの力を下（足）から上（腕）へ伝える

後ろ足（軸足）に体重を乗せる

後ろ足の股関節に体重を乗せることがスイングの初動となる。

▶

前足に体重が移り回転動作からスイング

下半身の体重移動から回転運動を経て、バットを持った腕が出る。

コレで克服！

スイングを安定させる練習法
スクワット素振り

1

後ろ足に体重を乗せトップをつくる

両足を大きく開いたらまず前足に体重を乗せ、次に後ろ足に体重を乗せトップをつくる。

2

前足に体重を移しながら振り出す

再び前足に体重を移す過程でトップから振り出しに移行する。ここでバットが寝る。

3

低い姿勢を保ったまま鋭く振り切る

前足に体重が移るタイミングで振り切る。低い姿勢を保ち体重移動の力をスイングに活かす感覚をつかもう。

DVD 2-7

＼弱点克服ドリル／

打球を飛ばす練習法②

コレが苦手！

スイングスピードが遅く、打球に勢いがない

考えられる理由

なぜ、スイングスピードが上がらないのか？

- カラダの開きが早い
- 手打ちになっている
- 下半身始動ができていない

前ページの発展ドリル。下半身始動の体重移動と回転運動を活かさなければ、スイングスピードは上がらない。当てるだけではバッティング技術は上達しない。試合では三振を恐れずに、フルスイングを心がけよう。

克服のポイント！

上半身を開かずに下半身から動く

下半身が回り始めるタイミング。肩は回っていないので胸の番号は見えない。

下半身と同時に上半身も回転しているため胸の番号が見える。典型的な手打ち。

コレで克服！

スイングスピードを上げる練習法
スクワットティ

1
バッターは足を開き後ろ足に体重を乗せる

2人1組になりネットに向かって打つ。バッターは大きく足を開いて後ろ足に体重を乗せる。

2
トスのタイミングで前足に体重を移す

トスのタイミングで後ろ足から前足に体重を移す。焦らずにしっかりトップをつくること。

3
腰を落としたままインパクトする

前足に体重を移したタイミングでスイング。ポイントを前に置くと体重移動がより意識できる。

DVD 2-8

弱点克服ドリル

打球を飛ばす練習法③

コレが苦手！

外野を越えるような打球が打てない

考えられる理由

なぜ、打球が遠くまで飛ばないのか？

- 体重移動のタイミングが早い
- 回転運動のタイミングが早い
- 手打ちになっている

ソフトボールはピッチャーとの距離が近いため、大きくテイクバックできないが、後ろ足に体重をしっかり乗せると、下半身のタメがつくれ、鋭いスイングができるので打球が飛ぶ。

克服のポイント！

後ろ足に体重を乗せて タメをつくる

前足を高く上げて後ろ足でタメをつくれると、下半身始動でスイングスピードは上がる。

後ろ足でタメがつくれないと体重移動ができず回転のタイミングが早まりカラダが開きやすい。

コレで克服！

打球を飛ばす練習法
ロングティ

1
トス役と打ち手に分かれる

下から山なりのボールをトスするので、二手に分かれ、やりやすい距離をとる。

2
後ろ足に荷重してタメをつくる

山なりのボールがくるタイミングで後ろ足にじっくり荷重してタメをつくる。

3
体重移動と回転運動を経て力をバットに伝える

その後は体重移動と回転運動を経て、腕ではなく、それまでの力を利用してスイング。

4
バットを最後まで振り抜きフォロースルー

腕に力が入るのはインパクトの瞬間だけ。その後は自然に最後までフォロースルー。

知ってるようで知らない

バッティング用語Q&A

Q1 「カラダの開きが早い」はどうしてダメなの？

A1 振り出しが早いので緩急への対応ができない

「カラダが開く」とは、上半身が回ること。正面から見たら胸の番号やロゴが見える。最終的にはカラダを開かないと打てないが、タイミングが早いのは問題だ。この原因は、トップが浅いこと。しっかりトップができれば上半身は先に回らず、下半身始動でスイングできる。カラダの開きが早くなると、振り出したバットを止められないので、緩急をつけられると対応できない。

○

前足着地時は上半身は回らない

前足をステップした時点では上半身は回転していないので胸が見えない。

×

前足着地の時点で腰と肩が回っている

前足ステップと回転が同時だと開きが早くなり、胸の番号やロゴが見える。

Q2 「ワキが空く」のはどうしてダメなの？

A2 ヘッドが腕のラインより下がりリストが使えず押し込めない

「ワキが空く」とは、前ワキがスイング中に空いていること。内角ギリギリをさばくようなスイングではあえて空けることもあるが、通常のスイングで空いているとヘッド（先端）が下に垂れ下がってしまう。これではリストが使えず強くインパクトできない。かまえ時に前の手首をシワができるくらい絞れば、ワキは空かないので実践してみよう。

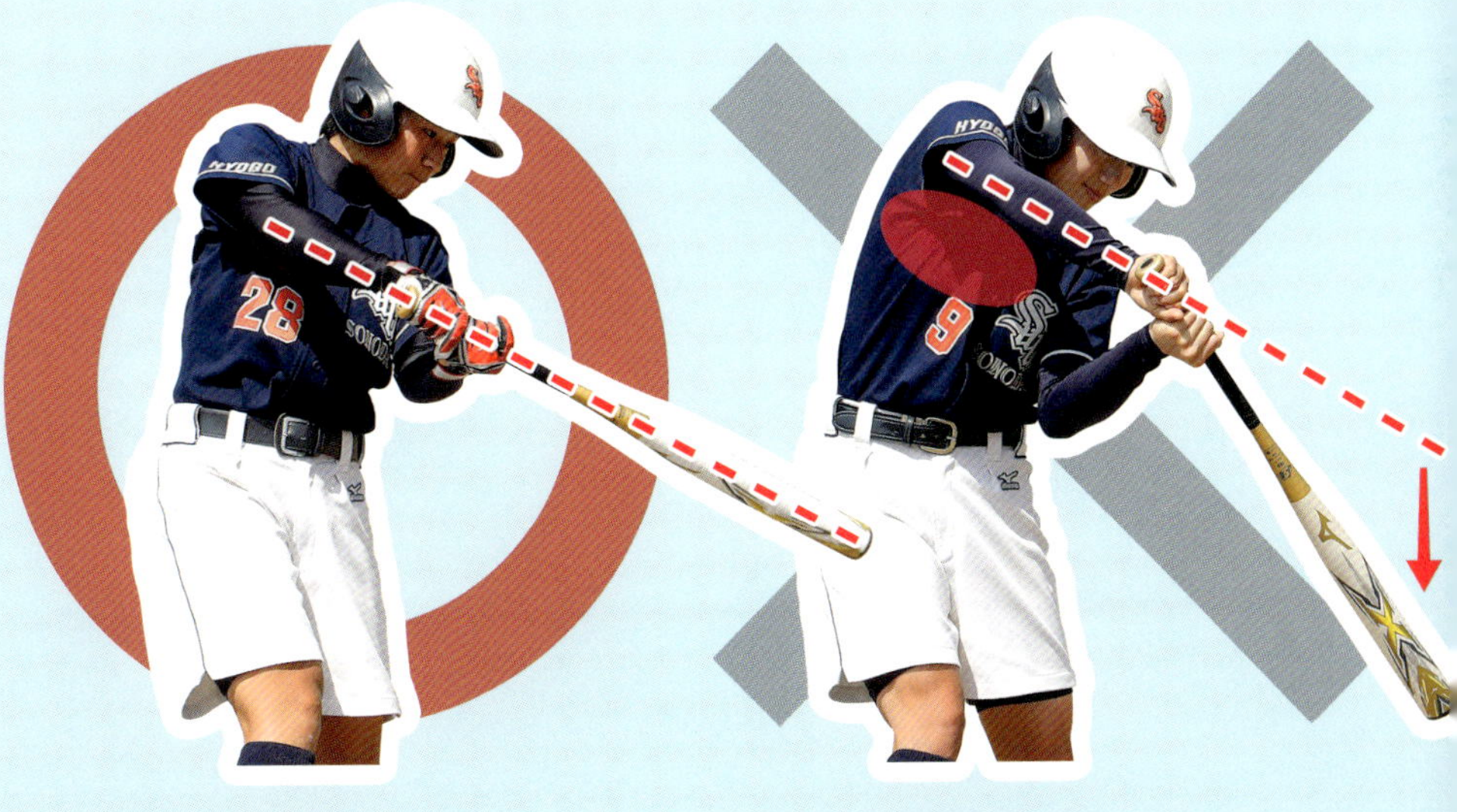

ヘッドが下がらず腕のラインで強く振れる

伸ばした腕のラインにヘッドがあると、インパクト時に手首を使えるので、ボールを押し込める。

ワキが空くとヘッドが腕より下がる

この状態でボールをとらえても手首の力が使えず、強く打ち返すことができない。

Q3 「上から叩きつける」はどうしてダメなの？

A3 ボールを上から叩いたらホームランは打てない

「上から叩きつけろ」と指導をする理由の一つは、ソフトボールの塁間の短さ。野手が少しでもお手玉しようものならセーフになるし、転がせばバウンドがイレギュラーする可能性もある。しかし叩きつけてばかりではホームランは打てない。自分のバッティングを成長させたいのなら、まずはホームランも狙える基本のレベルスイングを身につけよう。

ボールの軌道に入れるレベルスイング

振り出しで寝たバットをそのままボールの軌道に入れるイメージで振り出せばいい。

上から叩きつけるダウンスイング

上から振り下ろすと当たればボールは転がるが遠くに飛ばない。

Q4 「手首をこねる」とどうしてダメなの？

A4 ボールを引っ掛けてしまいゴロが多くなる

「手首をこねる」とは後ろの手首を返して打つこと。こねた打球は右バッターならショートやサードへのゴロが多くなる。これはダウンスイングをしている人に多く、腕力で強引に叩きつけるため利き手の力が勝り手首を返してしまうのだ。きれいなレベルスイングができればヘッドが加速して、インパクト後に自然と手首は返る。

レベルスイングでは手首は自然に返る

ヘッドが弧を描くようなレベルスイングでは、腕に力を入れる必要もなくフォロースルーで自然に手首は返る。

ダウンスイングだと手首をこねる

力任せにダウンスイングをすると、腕が力んで強引に手首を返して打つことになり、引っ掛けたゴロが多くなる。

COLUMN

コラム

3

キャプテンの役割

園田学園女子大学ソフトボール部では、大きなチーム目標を念頭に置いてチームづくりをおこないます。その中心となるのが、キャプテンです。互いに尊重し合えるチームをつくるため、汗を流し、ときには本音でぶつかり合い、向かう先が逸れそうな仲間がいたら、そっと軌道修正をしてあげる。このようなキャプテンが率いるチームは、プレーや技術だけではなく、信頼関係という面でも大きく成長します。

キャプテンの資質は、プレーで引っ張る人、常に前向きな人、仲間のために献身的な人などそれぞれですが、誰よりもチームを思い、仲間が好きで、愛されるチームにしようという強い意志を持つことが、何よりも大切な資質と言えます。キャプテンは、言わば長男長女です。困っている弟や妹がいたら、あなたは何をしてあげられますか？　仲間は兄弟であり、家族です。みんながいるから助け合え、補い合えるのです。たまには、弟や妹を頼り甘えてみるのも良いでしょう。お互いに感謝し、尊重し合える気持ちが、より一層チームの絆を強くします。さあ、あなたの一言をきっかけに世界に一つだけの魅力溢れるチームをつくりましょう！

園田学園女子大学ソフトボール部コーチ
元トヨタ自動車株式会社ソフトボール部キャプテン　渡邉華月

3章

次の塁を狙う走塁

全力で走った一つの走塁が勝敗を分けることがある。そのプレーに仲間はふるい立ち、相手はひるむ。ここでは貪欲に一つでも先の塁を狙う走塁を解説する。

DVD 3-1

走塁1

一塁までの走り方
打った後の全力プレーは一塁まで走ること

後ろ足を踏み出し前傾姿勢で加速

フォロースルーの形にもよるが、基本は後ろ足を踏み出し前傾姿勢で走り出す。

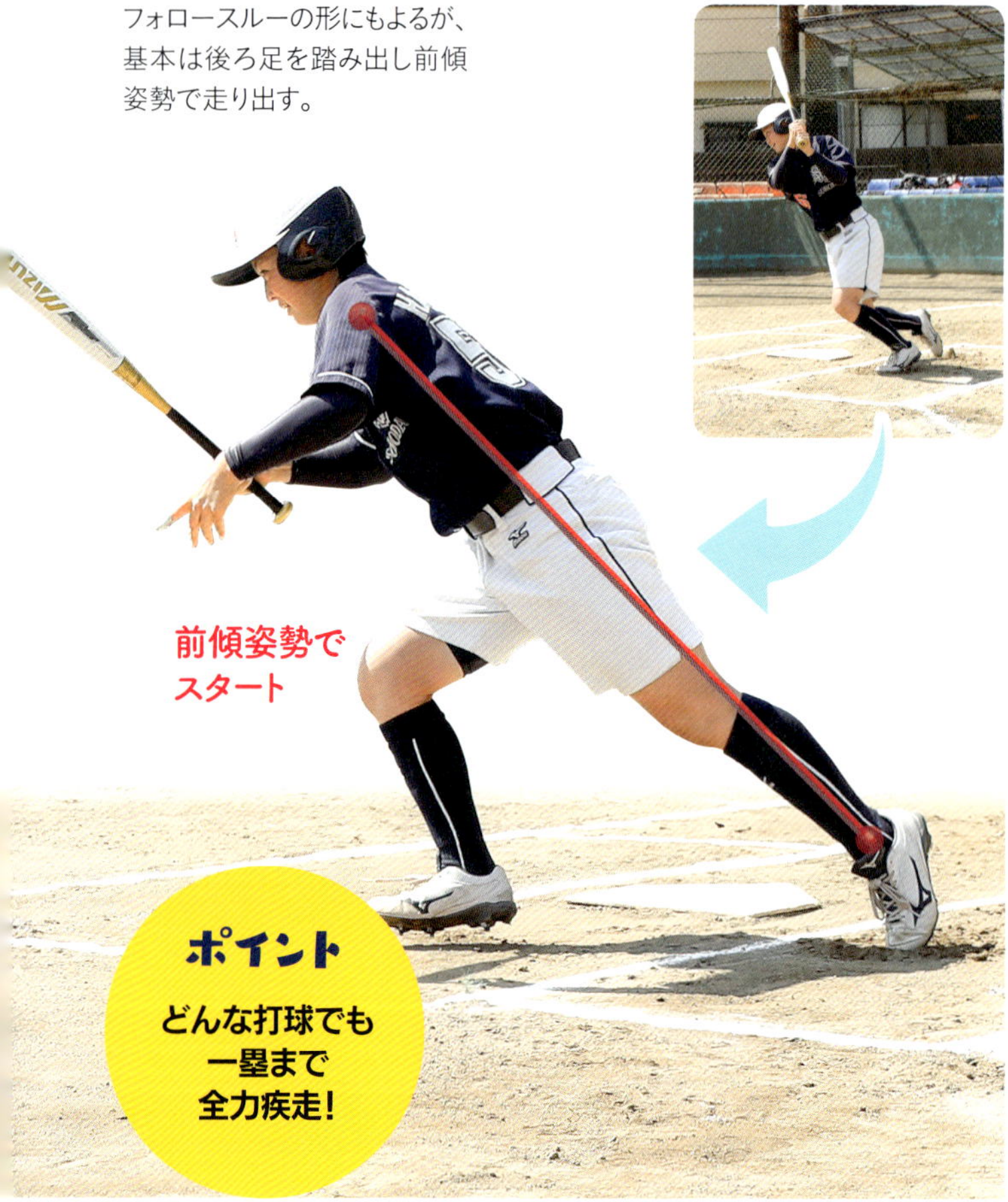
前傾姿勢でスタート
ポイント
どんな打球でも一塁まで全力疾走!

全力プレーでプレッシャーをかける

自分の今できる全力を出すことは大切だ。打席でできる全力プレーはしっかり振ること。そして打った後にできる全力プレーは、一塁まで走ることだ。内野フライでも、ピッチャーゴロでも「どうせアウトだから」と判断しない。その全力疾走が相手にはプレッシャーとなり、ミスを誘うことにもつながる。

またソフトボールの一塁には、ファーストと衝突しないためにオレンジベースがある。右側へ駆け抜ける場合はそこを踏もう。

駆け抜け

オレンジベースを踏み右に走り抜ける

一塁上でファーストと接触しないように、走り抜けるときはオレンジベースを踏む。

オーバーラン

外に膨らんでから白ベースを踏む

長打を狙えるときは一塁上にファーストがいないので白いベースの内側の角を踏む。

上達のコツ

ベース手前を踏める歩数を確認しておく

いち早くベースに到達するには、ベースの上ではなくて前の縁を踏みたい。そのため最適な歩幅と歩数を確認し、いつでも同じように踏めるようになろう。

DVD 3-2

走塁2

ベースランニング

外への膨《ふく》らみを抑えて ベース内側の角を踏む

カラダを傾けて ベースの角を踏む

ベースの手前で少し膨らんでからカラダを傾けてベースの内側の角を踏む。

カラダを立てたまま ベースの上を踏む

全力疾走でまっすぐベースに入ると膨らんでしまい大回りすることになる。

スピードを落とさず上手に回る

長打を狙える場合は、スピードを落とさずにベースを回りたい。

ポイントは二つ。一つ目はコースどり。人は走りながら直角には曲がれないので、ベースの少し手前であえて外側に膨らみ、鈍角に回りスピードを維持する。

二つ目は、姿勢。カラダを内側に傾け、ベースの内側の角を踏む。これで回った後の膨らみが抑えられる。またベースを左足で踏めばさらに膨らみが抑えられるので、歩幅が合う人は挑戦してみよう。

1 ベースの手前で少しだけ膨らむように走る

2 左足でベースの内側の角を踏むのが理想

3 回った後は膨らまずに直線的に走り抜ける

ポイント

カラダを傾け膨らみを抑える

上達のコツ

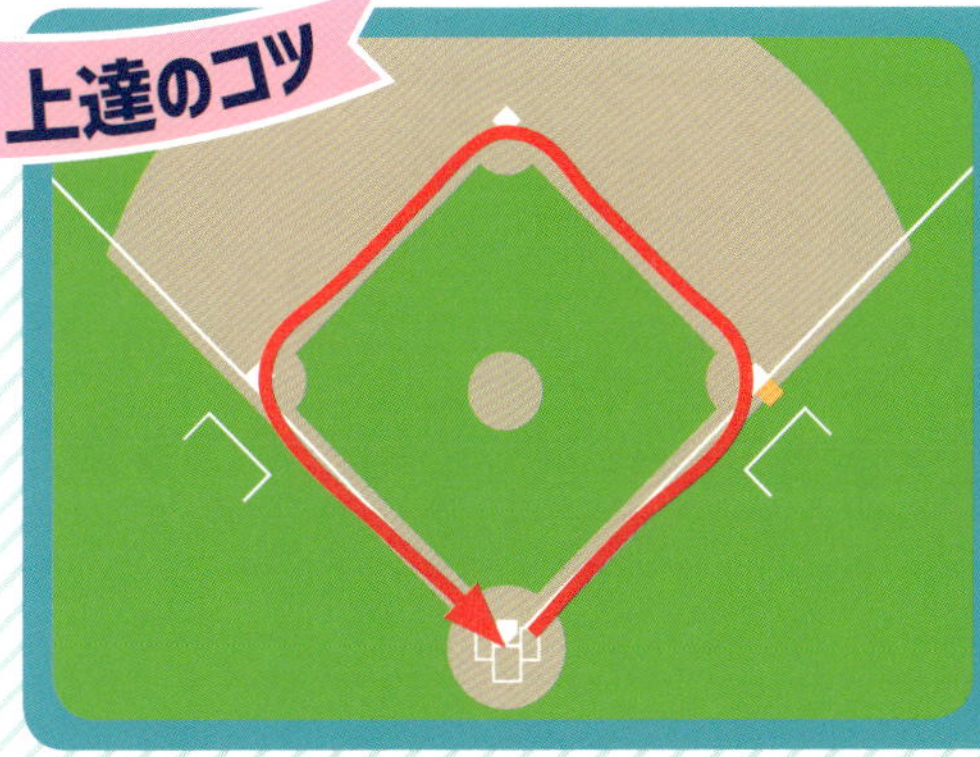

ベースの手前で少し膨らみ回った後は直線的に走る

まずは自分が塁間を何歩で走れるかを把握しておくこと。そのうえで、より小さく回るためにベースの手前で少し膨らみ、回った後は直線的に走るように心がけよう。

DVD 3-3

走塁3

離塁

進塁か帰塁の判断は足を止めずにおこなう

ポイント
足を止めずに打球を確認する

1 投球と同時に離塁する

ピッチャーの手からボールが離れた瞬間に離塁する。

動きの反動を使い次の動作に移る

人はピタッと停止した状態から走るよりも、その場であってもジャンプなどして、動きの反動や重心移動を使って走り出した方が、すばやく加速できる。

これは進塁か帰塁かの判断をする場面でも言えることだ。バッターが打つかどうかを確認するときに、足を止めて見ていては次の動作にすばやく移れない。完全停止ではなく、スピードを緩めながら打席を見て、進塁でも帰塁でも対応できるようにしておこう。

帰塁

帰塁するときは円を描くように

帰塁するときはボールをから目を離さず円を描くように戻る。

2 速度を緩めながら打席の結果を確認

走る速度を緩めて進塁か帰塁かの判断をおこなう。

3 行けると判断したら走り出す

進塁と判断したら再びトップスピードで次の塁を目指す。

上達のコツ

速度を緩めても足を止めることはない

打球を確認するときに、足を止めてその場で棒立ちしてしまうと、次に走り出したときにトップスピードに乗るのに時間がかかってしまう。

DVD 3-4

走塁4

盗塁

ギリギリまでカラダを倒し重心移動の力ですばやく加速

1 スタートを切りやすい姿勢でかまえる

ポイント

前足の股関節に体重を乗せてヒザを曲げる

スタートのかまえは人それぞれなので88ページを参考にしよう。

離塁アウトを避けながらすばやく加速

ソフトボールは、ピッチャーの手からボールが離れる前に離塁すると「離塁アウト」となる。そのため、ベースの二塁寄りに足をかけてかまえるのではなく、足を前後に広げた姿勢でかまえることが多い。これなら後ろ足を蹴り出しても、前足はベースにあるので離塁アウトになりづらい。

盗塁の成否にはスタートからのすばやい加速も大切。そのためには前足の股関節に体重を乗せ、カラダが倒れそうになる力を利用してスタートを切るとよい。

2 前足股関節に荷重して カラダを倒していく

ピッチャーの動き

前に飛び出すタイミングでカラダを倒す。

肩の力を抜いて腕を脱力させた状態で前にカラダを倒す。

3 倒れる直前で 後ろ足を前に出す

リリースと同時に離塁する

倒れていく勢いを利用して後ろ足を前に出してスタートを切る。

上達のコツ

上半身は脱力させて 下半身始動でスタート

下半身から動き出すことはすべての動作の基本。ヒザを曲げて体重を前に移し、倒れる直前に後ろ足を出す。この体重移動からの走り出しを身につけよう。

走塁4

盗塁のつづき

ベースの踏み方は人それぞれなので自分に合うものを見つけよう

ベースの上に両足を乗せる

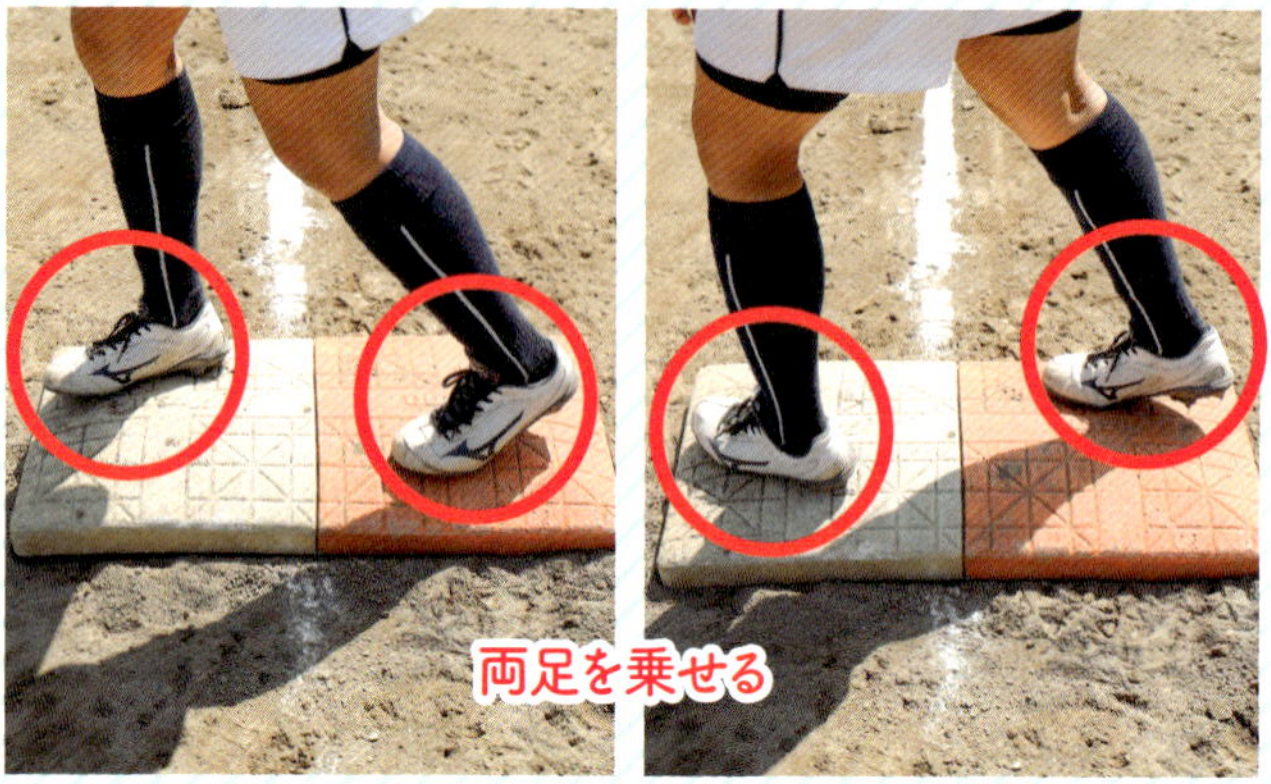

本人コメント

スパイクの歯をベースにかけ、蹴りやすくしています。
また、ベースの高さを利用してスタートを切りやすくしています。

ベースの上に前足を乗せる

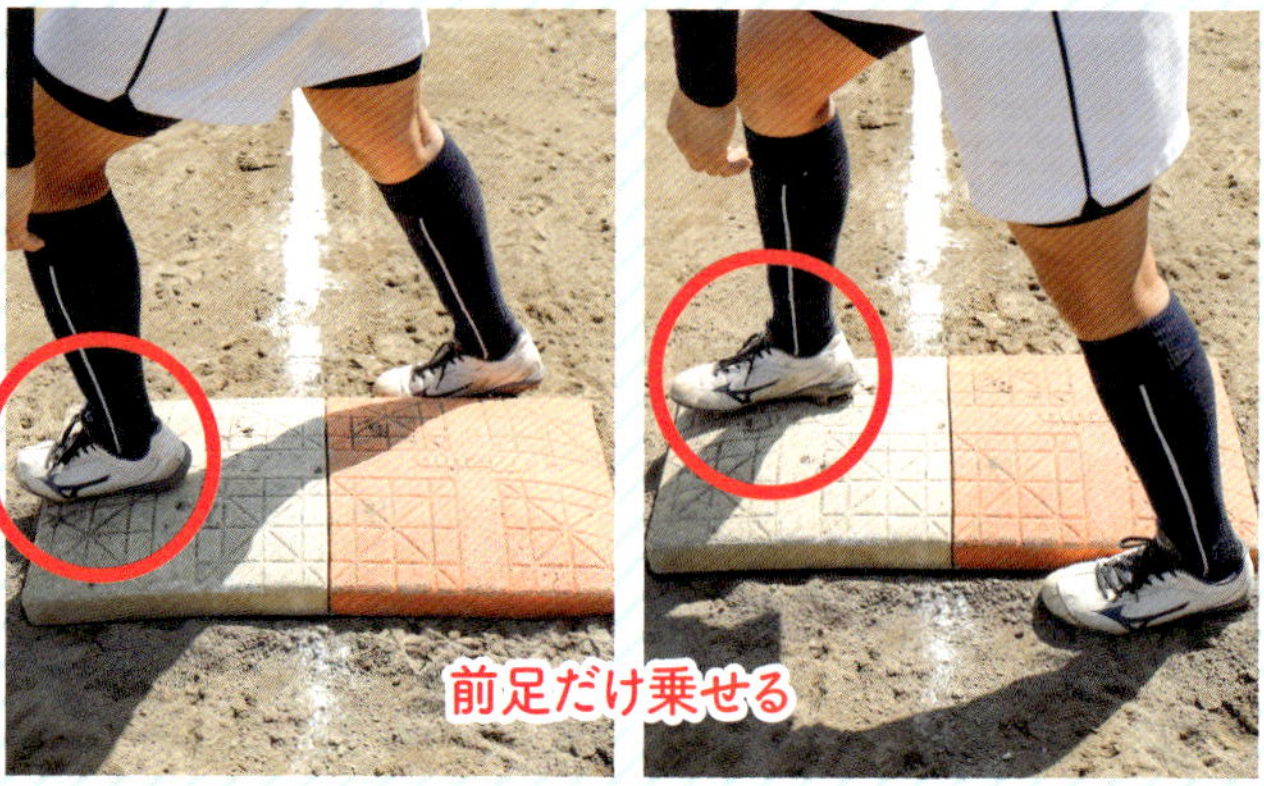

本人コメント

後ろ側の足が1歩目になるため離塁アウトが取られにくい。
また、ベースの角を使えるのでスタートダッシュが速くなります。

二塁を向いて後ろ足をかける

本人コメント 利き足が後ろにあり、1歩目が蹴りやすく走りやすいからです。

投手を向いて後ろ足をかける

本人コメント ピッチャーが見やすく、タイミングよく離塁することができるからです。

DVD 3-5

走塁5

スライディング

ベースのギリギリまで走り最短距離を滑る

1 ギリギリまで全力疾走をする

ヒザを深く曲げカラダを傾けて滑る体勢に移行する。

4 ベースの手前の縁に足をつける

ベースの上ではなく手前の縁に足をタッチさせる。

ポイント

ベースの手前の縁に滑り込む

すばやく立ち上がり進塁をうかがう

スライディングをするよりも走った方が速いが、ベースまで全力で走り切ると止まれない。これがスライディングをする大きな理由。だから滑る距離は最小限に留めたい。ギリギリまで走って最短距離を滑るというイメージだ。

また、守備がボールを後ろに逸らしていれば、次の塁を狙うチャンスにもなるので、スライディング後はすばやく立ち上がること。試合中はどんなときでも反射的にボールの行方を目で追うクセをつけておこう。

2 片方の足を曲げ滑る体勢に入る

走ってきた勢いのまま片方の足を曲げて滑り始める。

3 曲げた足のスネあたりで滑る

伸ばした足をベースに向けて最短距離を滑る。

5 滑った勢いですばやく立つ

ベースに足をつけたまますばやく立ち上がる。

6 ボールの行方を確認する

ボールの行方を確認して進塁するべきか瞬時に判断。

上達のコツ

スライディングを始める距離をつかむ

ベースのどのくらい手前で滑り出せばよいのか、または前の塁から何歩目で滑ればよいのかを把握しておこう。

\ 弱点克服ドリル /

DVD 3-6

ベースをスムーズに回る練習法

コレが苦手！

ベースランニングで膨らんでしまう

考えられる理由

なぜ、ベースを小さく回れないのか？

- ☑ ベースを踏む時にカラダが傾いていない
- ☑ ベースの内側の角を踏んでいない
- ☑ ベースに入る角度が悪い

まっすぐ走っていたら直角には曲がれない。そのため、ベースの少し前で自然に外に膨らむように走り、ベース上での膨らみを最小限に抑える。

克服のポイント！

カラダを傾かせてベースの内側を踏む

カラダを傾けてベースの角を踏む

ベースの少し手前で外に膨らんでからベースの内側を踏む。

カラダが起きてベースの上を踏む

カラダを起こしたままベースの上を踏むと大きく膨らんでしまう。

コレで克服！

ベースをスムーズに回る練習法

傾きベースランニング

1

ランナーと二塁上の補助役に分かれる

補助役は二塁の外側の角に立ち、両腕をまっすぐ伸ばす。

2

伸ばした腕を避けて二塁を回る

ランナーは伸ばした腕に当たらないようにカラダを傾けて走る。

3

膨らみを抑えて三塁まで走る

膨らみを抑えて直線的に走り、次の塁を目指す。

COLUMN

コラム

4

補食を活用しよう！

練習・トレーニングの前後が空腹状態だったという経験はありませんか？　もしそうであれば、今すぐ補食を摂るように心がけてください。せっかく頑張って練習・トレーニングをしても、カラダを動かすエネルギーや、カラダをつくる材料がないと、その練習・トレーニングはムダになってしまいます。

補食には、エネルギー源となるお米やパンなどの糖質（炭水化物）、筋肉をつくる材料となる肉や魚にたくさん含まれるたんぱく質を中心に摂ることがポイントです。

園田学園女子大学ソフトボール部では、通常練習時はおにぎりやパンを各自で準備し、練習・トレーニングの前後で食べるようにしています。試合時は、そのときの環境や状況で選手が食べやすいものを選べるように、おにぎりやパン、果物や100％柑橘系ジュースなどを保護者の方々にお願いして揃えてもらいます。また合宿時には、炊飯器を持参しておにぎりをつくるなど、なるべく空腹時間をつくらないために補食を取り入れています。

園田学園女子大学ソフトボール部OG
同大学助手
薮田 望

4章

カラダを上手に使う守備

塁間の短いソフトボールでは、少しのミスが相手に進塁を許すことになる。ここでは、カラダを上手に使って捕球から送球をスムーズにおこなう技術を解説する。

DVD 4-1

ゴロ捕球1

ステップ

右、左のステップで捕球するが、直前の右足は外側に踏み出す

3 左足のカカトから着地し おヘソの前にグローブを下ろす

左足を踏み出しカラダの正面で捕球すると送球につなげやすい。

ポイント

右足、左足をリズムよくステップする

送球への勢いをつける右足ステップ

捕球するまでのステップは、送球方向によって変わる。これが前提だ。だが、基本的に内野は、捕球地点から左側へ投げることが多いので、ここでもファーストへ投げることを想定した、基本ステップを紹介する。

ポイントは、捕球直前に右足を外側に踏むこと。これによって、次の左足を踏み出すときにカラダが左側へ流れる。これが送球への勢いになる。ただし、右側へ踏み出しても、捕球は左足の前ではなく、カラダの正面でおこなうこと。

1 打球にタイミングを合わせる

余裕があれば打球のやや右に回り込む。

2 右足を外側にカカトから踏み出す

捕球の間合いに入ったら最後の右足を外に踏み出す。

上達のコツ

足はカカトから地面につける

左足はベタッと足裏全面で踏み出すのではなく、カカトから着地させて、捕球するタイミングで足裏全体を着地させると、スムーズに送球へ移行できる。

DVD 4-2

ゴロ捕球2

捕球姿勢

右足を外側に踏み出してからカラダの正面で捕球する

おヘソの前にグローブを出す

ポイント
右手は上ではなく横から添える

打球に柔軟に対応できるようにヒザを曲げてカラダの正面で捕る。

ステップを踏むなかで捕球姿勢をとる

ステップの次は捕球姿勢だ。注意してほしいのは、この姿勢を流れのなかでおこなうということ。打球の前で両足同時にヒザを曲げ、腰を落とすというようなことはない。あくまでも96～97ページにあるステップを踏む流れでおこなう。

ポイントは、腰をしっかり落とすこと。腰が高いと顔が下を向き捕球ミスにつながる。また、すばやい送球につなげるには右手を添えることが大切だが、突き指防止のために上からではなく横から添えること。

お尻を落とせば ボールが見える

視線を自然に前に向けられるので打球を追いやすく、ヒザが曲がっているのでイレギュラーな打球にも対応しやすい。

お尻が高いと 顔が下を向く

顔が下を向いてしまうのでボールが見づらく、ヒザが伸びているので捕球から送球もスムーズにおこなえない。

上達のコツ

両足は平行ではなく、左足を少し前に出す

両足を横並びに揃えると、瞬時に前後へ体重移動できずイレギュラーバウンドに対応できない。

体重移動からカラダを回転させる

横の打球を捕る
腕だけ伸ばすのではなく カラダごと横に向ける

まずは両足を広げて打球方向の足に体重を移動させる。

体重を乗せた後に腰を回して腕を伸ばすとカラダの横まで腕が届く。

ポイント

体重移動からカラダを回し腕を伸ばす

横の打球でもおヘソの前で捕球

正面のゴロ捕球の次は、横のゴロ捕球だ。基本的にゴロは正面に回り込んで捕球したいが、間に合わないときは多々ある。そのようなときは、体重移動と回転運動を使う。

　打球にアプローチしたら、腰を落とす過程で打球側の足へ体重を乗せる。そしてカラダを回して腕を伸ばす。これを流れのなかでおこなう。ポイントはカラダをしっかり回しておヘソの前で捕球すること。焦って腕だけで捕りにいっても、腕は後ろまで届かない。

カラダも横を向くと腕が後ろまで届く

体重移動から回転運動をして腕を伸ばすと、腕がカラダの後方まで届く。

カラダが前を向くと腕が後ろに届かない

正面を向いた姿勢から腕だけを横に伸ばしてもカラダの後方には腕が伸びない。

上達のコツ

手首を脱力させてグローブは垂らしたまま

カラダの右側の打球は逆シングルで捕球することになるが、グローブを上から出すのではなく、垂らしたまま地面を這わせるように出すことで捕球が正確におこなえる。

DVD 4-4

ゴロ捕球4

捕球から送球

捕球地点に右足を踏み出す 基本の一塁送球

ポイント
一連の流れで捕球から送球までおこなう

3 捕球した地点に右足を踏み出す

捕球した地点に右足を着地させると同時にボールとグローブを割る。

左に流れるカラダのまま送球につなげる

基本的な捕球をマスターしたら、次はそれを送球につなげよう。塁間の短いソフトボールでは、捕球から送球までの速さがアウトカウントに直結する。ここでも送球は左側へ投げることを想定している。

ポイントは、捕球地点に右足を踏み出すこと。96～97ページにあるように、右足、左足と左に流れながら捕球した勢いのまま、次の右足を踏む。これが送球動作の1歩目になる。そして次の左足のつま先を投げたい方向へ踏み出して送球する。

1 カラダの正面で捕球する

平凡なゴロであれば右、左のステップでカラダの正面で捕球。

2 捕球したらグローブにカラダを近づける

右から左へ流れるカラダの勢いのままグローブにカラダを近づける。

上達のコツ

捕球したグローブにカラダを近づける

捕球後はグローブを引き上げるというよりは、カラダをグローブに近づけるという意識を持った方が、右から左へ流れるカラダの勢いのまま送球までおこなえる。

DVD 4-5

ゴロ捕球5

投げたい方向を意識した捕球動作をおこなう

送球方向による捕球動作の違い

ポイント
右から左へ
流れる勢いのまま
送球する

捕球した地点に右足を踏み込みボールとグローブを割り送球姿勢をとる。

投げたい方向にしっかり左足を踏み込み左に流れている勢いを利用して送球。

捕球地点に右足を踏み出してボールとグローブを割り送球姿勢をとる。

左足は送球の方向指示器となるので、投げたい方向にしっかり踏み出して送球する。

左足は送球の方向指示器

これまでは、内野で最も多いケースである、捕球から左側へ送球する技術を解説してきた。しかし試合では、右側や、真後ろへも投げるので、ここから4ページを使ってそれぞれのケースを解説する。

ポイントは、左足が送球の方向指示器になっているということ。どのケースであっても、必ず送球方向に左足のつま先を踏み出している。そのため、送球先から逆算して左足を踏み出しやすい捕球姿勢を取ることが求められる。

捕球後に左へ投げる（基本）

前ページまでに紹介した一塁送球を想定した一般的な捕球動作。

捕球直前の右足を外に踏み出すことで次の左足ステップでカラダが左方向へ流れる。

捕球後に真後ろへ投げる

ポイント
左足を引きながら半身姿勢で捕球

ピッチャーが二塁へ投げるような場面では、左足を引いて半身の姿勢で捕球。

半身姿勢で捕球した流れのまま、ボールをつかみながら送球方向へターン。

上達のコツ

半身になっても捕球はカラダの正面

打球に対して正対していようが半身になっていようが、カラダの正面で捕球することは変わらない。捕球後はその地点に右足を踏み込み送球に移行する。

DVD 4-5

ゴロ捕球5

送球方向による捕球動作の違いのつづき

打球の方向や速さ、投げる距離も考慮する

捕球後に右方向へ投げる１（近距離）

セカンドが二塁へ投げるような場面で、打球を正面で捕球。

捕球したら、カラダを二塁方向へ向けるために、両足同時に踏みかえる。

捕球後に右方向へ投げる２（中距離）

ファーストが二塁へ投げるような場面でカラダの右側の打球は逆シングルで捕球。

逆シングルで流れた勢いのまま、送球方向へカラダを向ける。

捕球後に右方向へ投げる３（中距離）

ファーストが二塁へ投げるような場面でカラダの左側の打球は片足を引いて半身捕球。

半身からすばやくカラダを回転させて、送球体勢をつくる。

ポイント
体重移動の力を使わずにクイックスロー

送球距離が近いので下半身の体重移動を使わずに手首のスナップですばやく投げる。

両足を同時に踏みかえるタイミングで、ボールとグローブを割る。

ポイント
逆シングルの体重移動を利用して送球

送球距離がそれなりにあるので下半身の体重移動の力も利用してスムーズに送球。

右足をステップしてボールとグローブを割り送球姿勢をつくる。

ポイント
ターンの勢いを利用して送球する

左足を投げたい方向へ向けて踏み出して流れのまま送球する。

ターンした流れを止めずに右足を踏み込みカラダの前でボールとグローブを割る。

捕るタイミング

打球を捕るタイミングによって その難易度が大きく変わる

瞬時に打球を見極める

まずは球の落ち際を狙おう！
ポイント
球の落ち際で捕りたい

どのタイミングで打球を捕球するべきか瞬時に判断する

落ち際か跳ね上がる瞬間で捕球したい

これまではゴロ捕球だったが、ここからは大きく弾むバウンド捕球を解説する。

バウンド捕球は、捕るタイミングによって難易度が大きく変わる。まず狙いたいのはバウンドの落ち際。ボールに勢いがないので捕球は容易。ただし落ちるのを待っていたらアウトにできないこともあるので注意が必要。そのようなときは、前進して跳ね上がる瞬間を狙う。いわゆるショートバウンドだ。最も難しいのが、跳ねてから伸びるハーフバウンド。

バウンドした打球の落ち際が最も簡単に捕球できるので基本はこのタイミングを狙う。

イージーゴロ

球の落ち際なら
ラクに捕球できる

詳しくは P110 へGO！

バウンドの落ち際で捕球できなければ地面から跳ねた直後のショートバウンドを狙う。

ショートバウンド

次は球が弾む
瞬間を狙う

詳しくは P112 へGO！

バウンド後に伸びるようにライナー性で向かってくるハーフバウンドは捕球が難しい。

ハーフバウンド

球が伸びるので
捕球が難しい

詳しくは P114 へGO！

上達のコツ

捕球のタイミングはバッターの走力次第

バッターの足が速いと落ち際を待つより前進してショートバウンドを狙わなければアウトにできないケースもあるので、臨機応変にすばやく対応できるようになろう。

DVD 4-6

バウンド捕球1

落ち際を捕る

バウンドしている打球はまずは落ち際を狙う

3 打球が腰より上か下かでグローブの向きを変える

腰より上なら
グローブは上向き

腰より上のボールであればグローブを上に向けて捕球する。

腰より下なら
グローブは下向き

腰より下のボールであればグローブを下に向けて捕球する。

ポイント

グローブの向きは腰の高さを基準にする

落ちてくる軌道にグローブをかまえる

まずは最も難度が低いバウンドの落ち際から解説。落ち際捕球では、バウンドの高さによってグローブの向きを変える必要はあるが、ボールが落ちてくる軌道上にグローブをかまえれば、捕ること自体は難しくない。グローブの向きは腰の高さを基準にして対応する。

気にかけるべきはバッターの走力。足が速いバッターであれば、落ち際を待っていては間に合わない。そのようなときは、前進してショートバウンドにチャレンジしてみよう。

1 打球が自分のところへ来た！

打球の位置

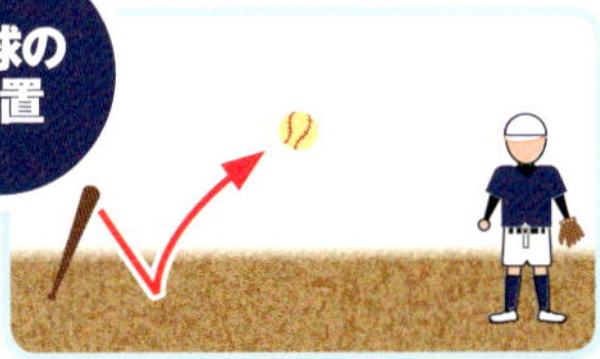

ヒザを曲げてどんな打球にも対応できるように準備しておく。

2 打球の落ち際にタイミングを合わせる

打球の落ち際で捕れると判断した場合はそのタイミングに合わせて動く。

上達のコツ

打球を追うときはグローブを下げない

打球に向かうときにグローブを垂れ下げて走ると捕球時にグローブの動きがワンテンポ遅れるのでNG。横か上に向けて腕を振ってしっかり走ろう。

DVD 4-7

バウンド捕球2

ショートバウンドを捕る

落ち際を狙えなかったら地面からの跳ね返り際を狙う

正確な送球につなぐ下半身の強さ

バウンドが跳ね上がる瞬間を狙うのがショートバウンド捕球だ。

ポイントは手だけで捕りにいくのではなく、目線をボールに向けて顔を近づけること。恐怖心から顔を背け、手だけを伸ばすとボールを弾きやすい。またショートバウンド捕球では、前のめりになるため姿勢が崩れやすい。そこから無理に悪送球することは避けたいので、崩れた姿勢からでもステップを踏める下半身の強さを日頃から養っておきたい。

3 跳ね返るボールにグローブを近づけて捕球

ポイント

グローブのポケットをボールに向ける

グローブのポケットをボールに向けるイメージで出せば、ボールが自然と入ってくる。

1 跳ねた打球が自分のところへ来た！

落ち際か、ショートバウンドかどちらか際どい打球が向かってきた。

2 落ち際が狙えないと判断して前進

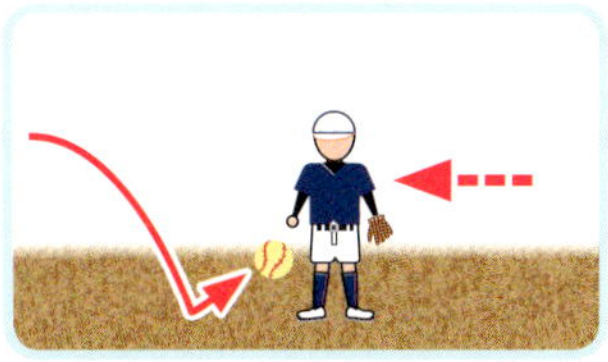

落ち際を狙えないと判断したら、さらに前進して跳ね返るところにグローブを出す。

上達のコツ

バウンド後のボールにグローブを近づければ自然と入ってくる

キャッチする意識が強いとグローブを閉じてボールを弾いてしまうことがある。ボールの軌道にグローブを広げておけば、グローブを閉じなくても自然と入ってくる。

DVD 4-8

バウンド捕球3

跳ねて伸びるハーフバウンドはすばやく半身になって捕球

ハーフバウンドを捕る

3 カラダを引きながら逆シングルキャッチ

ポイント
バウンドに合わせてカラダを引く

バウンドして伸びたボールに合わせてカラダを引いて逆シングルで捕球。

半身姿勢になって距離感をつかむ

バウンド後に勢いが落ちずに伸びてくるのがハーフバウンドだ。ライナー性の打球が顔に向かってくるので恐怖心が増す。つい顔を背けてしまい、捕球ミスにつながる厄介なバウンドだ。

　できればハーフバウンドになる前のショートバウンドで捕りたいが、タイミングが合わなければ、すばやくカラダを引いて半身姿勢で捕球する。正面を向いたままでは、伸びる打球に対して距離感やタイミングが合わせづらいので、半身になるクセをつけよう。

1 跳ねて伸びる打球が向かって来た！

強いライナー性の打球がワンバウンドして自分の右側へ向かってきた。

2 体重移動からすばやく半身になる

右足に体重を乗せて逆シングルで捕球するイメージでグローブを下から出す。

上達のコツ

グローブを向けカラダをすばやく後ろに引く

ハーフバウンドはとにかく打球が速いので頭で考えてから動いては間に合わない。カラダが反応して動けるようになるまでくり返し練習しよう。

DVD 4-9

外野捕球1

フライ捕球の姿勢

カラダは伸ばさず縮めておき打球への対応力を高める

1 低い姿勢のまま下半身から動き出す

内野手ほど深くヒザは曲げないが、すぐに動き出せる態勢をつくっておく。

ポイント
落下地点を予測して最短距離で目指す

グローブを上に向け腕を振って走る

ここからは外野の守備を解説する。フライ捕球では最短距離で落下地点に到達できるかが成否を分ける。そのためすぐに動き出せるように、ヒザは内野手ほど深く曲げずにかまえる。また、落下地点に向かって走るときはグローブを上に向け、しっかりと腕を振る。そして落下地点に先回りできたら、グローブを上げておでこの近くで捕球する。

　グローブを上げながら走ると、走るのが遅くなるだけでなく、重心が上がるため転倒しやすくなる。

2 グローブを上に向けて落下点まで走る

フライが飛んできたらグローブを上に向け腕を振って最短距離で落下点を目指す。

3 おでこの近くで捕球する

ボールが落ちてきたら腕を伸ばして捕球姿勢をとり、おでこの近くで捕球。

グローブの面を
ボールに向ける
グローブを
上に向ける

上達のコツ

落ちてくるまでグローブを上げない

腕を伸ばしたまま打球を追いかけると重心が高くなり速く走れず、転倒する可能性もある。腕を伸ばした捕球姿勢は打球が落ちてきてからおこなうこと。

DVD 4-10

外野捕球2

フライ捕球と送球

後ろから勢いをつけて捕球し1歩目を大きくステップしよう

ポイント

後ろから走ってきた勢いを利用して投げる

大きくステップした右足を着地させた時点でボールを上げる。

後ろから走ってきた勢いを最大限利用しながら腕を振って投げる。

走り込む勢いを送球へとつなげる

捕球の次は送球だ。タッチアップが想定されるような状況では、質の高いボールを内野に投げ返したい。そのため、落下地点へ最短距離で向かうのではなく、少し後ろから前に走りながら捕球して、送球に勢いをつける。投げる前の右足を大きくステップすることで、その勢いを送球へとつなげやすくなる。ただし、これはある程度捕球に余裕がある状況に限る。優先事項は正確な捕球なので、余裕がない場合は最短距離で落下地点へ向かう。

フライが落ちてきたらグローブを上げて捕球姿勢をとる。

捕球後、次の右足を大きく上げるため、左足着地でヒザを曲げ大きく踏み込む。

飛ぶように右足を大きくステップしながら上半身では送球動作に入る。

上達のコツ

大きく上げた1歩目で送球リズムをつくる

このステップには送球の勢いをつける以外に、送球先までの距離やランナー位置を把握する間をつくる役割もある。ステップ中は目線を前に向けるクセをつけよう。

DVD 4-11

外野捕球3

ゴロ捕球と送球

前進しながら捕球して そのままの勢いで送球する

前進しながらカラダの左側で捕球

外野のゴロ捕球ではスムーズに送球につなげるためにカラダの左側で捕球する。

ヒザの外側だが おヘソの前で捕球

外野守備の最後はゴロ捕球だ。外野にゴロが向かうことは、ヒットを打たれたということなので、進塁を阻止するためにいち早く返球したい。

ポイントは、前に走りながらヒザの外側で捕球すること。そしてカラダをボールに向けておヘソの前で捕球すること。これで捕球から送球がスムーズにおこなえる。ただし、これも打球の後ろに回り込めた場合に限る。打球が外野の間を抜けるような状況では、最短距離でボールに向かおう。

前進した勢いのまま送球する

1 前に走りながら
捕球する

2 大きく右足を
ステップする

3 伸ばした左腕を
引きつけて投げる

ポイント

足を止めずに
捕球から送球まで
おこなう

上達のコツ

両腕を広げて上半身を大きく使う

遠投をするためには投げる前に両腕を大きく広げて肩甲骨を背中側に寄せて胸を張る必要がある。ここで力を溜めて思い切り腕を振る。

DVD 4-12

\ 弱点克服ドリル /

ゴロを正確に捕る練習法

コレが苦手！

ゴロ捕球がうまくできない

考えられる理由

なぜ、ゴロが捕れないのか？

- 腰が高いなど捕球姿勢が悪い
- カラダの正面で捕球できていない
- 手だけで捕りにいっている

ゴロ捕球が苦手な人の共通点は下半身が使えていないこと。腕を伸ばして手だけで捕りにいこうとすると届かなかったり、イレギュラーバウンドに対応できなくなる。

克服のポイント！

下半身始動でボールを捕りにいく

下半身の体重移動から腰が回り腕を伸ばす

腰を落としてボール側の足に体重を移してから腰を回し腕を伸ばすと遠くまで届く。

腕だけを伸ばしてボールを捕る

下半身の体重移動をせずに腕だけを伸ばすと腕が遠くまで伸びない。

コレで克服！

ゴロを正確に捕る練習法
素手キャッチ

1
5mほど離れて向かい合う

グローブを使わずにお互い5m程度離れて向かい合う。

2
相手の正面や横にボールを転がす

お互いにゴロを転がして素手でキャッチする。正面だけでなく横にも転がす。

3
正面のボールは体重移動から捕球

正面のボールは右足から左足に体重を乗せる動作を意識しながら捕球する。

4
カラダの横のボールは体重移動と回転運動

横のボールは体重移動から回転という順番を意識して捕球する。

DVD 4-13

弱点克服ドリル

難しいバウンド練習法

コレが苦手！

ショートバウンドやハーフバウンドが捕れない

考えられる理由

なぜ、ショート・ハーフバウンドが苦手なのか？

- ボールが怖い
- ボールを見ていない
- ボールにタイミングを合わせられない

そもそもショートバウンドやハーフバウンドは捕球が難しいので、ある程度のミスはしょうがない。大切なことはボールを怖がらずによく見てタイミングを合わせること。

克服のポイント！

打球を見て捕球のタイミングを瞬時に判断

ショートバウンドならすばやく前進

打球から次の動作を瞬時に判断する速度が最も大切。ショーバンなら迷わず前進だ。

バウンドが合わずに頭を越えていく

打球にタイミングを合わせず、がむしゃらに前進していては捕球できない。

コレで克服！

難しいバウンド練習法
いじわるショーバン

1
10m 程度離れて向かい合う

強いボールを投げ合うので 10m 程度離れる。ボールが怖い場合は、柔らかいボールを使って慣れることから始めよう。

2
相手の足元でバウンドするように投げる

相手の足元でワンバウンドするような「捕りづらい」ボールを投げる。

3
ボールにタイミングを合わせて捕球する

どんなに捕りづらいボールでもタイミングを合わせてグローブを出す。

4
正面やカラダの横などランダムに投げる

正面だけでなく横にも投げる。横のバウンドはカラダを引いて半身で捕る。

COLUMN

コラム

5

正しいアイシングをしていますか？

足首をひねったり、速いボールが当たったりと、ケガをしたときにすぐにアイシングをしていますか。アイシングを正しくおこなうと、ケガをした部位の痛みを少なくすることができ、早く練習に復帰できるようになります。では、正しいアイシングとはどういったものでしょうか？

答えは、直接20分間患部に当てることです。これだけです。誰でも簡単にできますね。しかし、実際の現場では、氷の冷たさに耐えることができず、服の上からアイシングをしている選手や、アイシングをすぐに終わりにしてしまう選手を多く見かけます。これではケガをした部位を十分に冷やすことができないため、アイシングの効果が得られません。

優れた選手の条件のひとつに、自分のカラダのメンテナンスをしっかりおこなえるということが挙げられます。トップリーグに進むような選手は、アイシング一つにしてもとてもていねいにおこないます。正しいアイシングでケガの少ないカラダを手に入れましょう。

園田学園女子大学ソフトボール部トレーナー
神戸国際大学助教
武内孝祐

5章

試合をつくるバッテリー

ピッチャーとキャッチャーのことをバッテリーと呼ぶ。試合は、相手と直接対峙するこの2人によってつくられる。ここでは、そのバッテリーの基本技術を解説する。

DVD 5-1

ピッチャー1

プレートの使い方

プレートを踏んで静止することから始まる

軸足をプレートに乗せ静止する

カラダの前または横でボールを両手で持ち、2～5秒以内の完全停止をしてから投球動作に移る。

ポイント

ボールを両手で持ち2～5秒以内の完全停止

プレートの踏み方を知っておこう

ピッチャーに限っては、投げ方を学ぶ前に、最低限知っておきたい投球時のルールがある。ルール違反（不正投球）があると、バッターには1つのボールカウントが、ランナーには1つの進塁権が与えられる。

まず、プレートを踏むときやサインを確認するときは両手を離す。そして軸足をプレートにかけ、自由足はプレート幅の延長線上から出ない範囲に収める。投げるときはカラダの前か横でボールを持ち、2～5秒静止後に投げ始める。

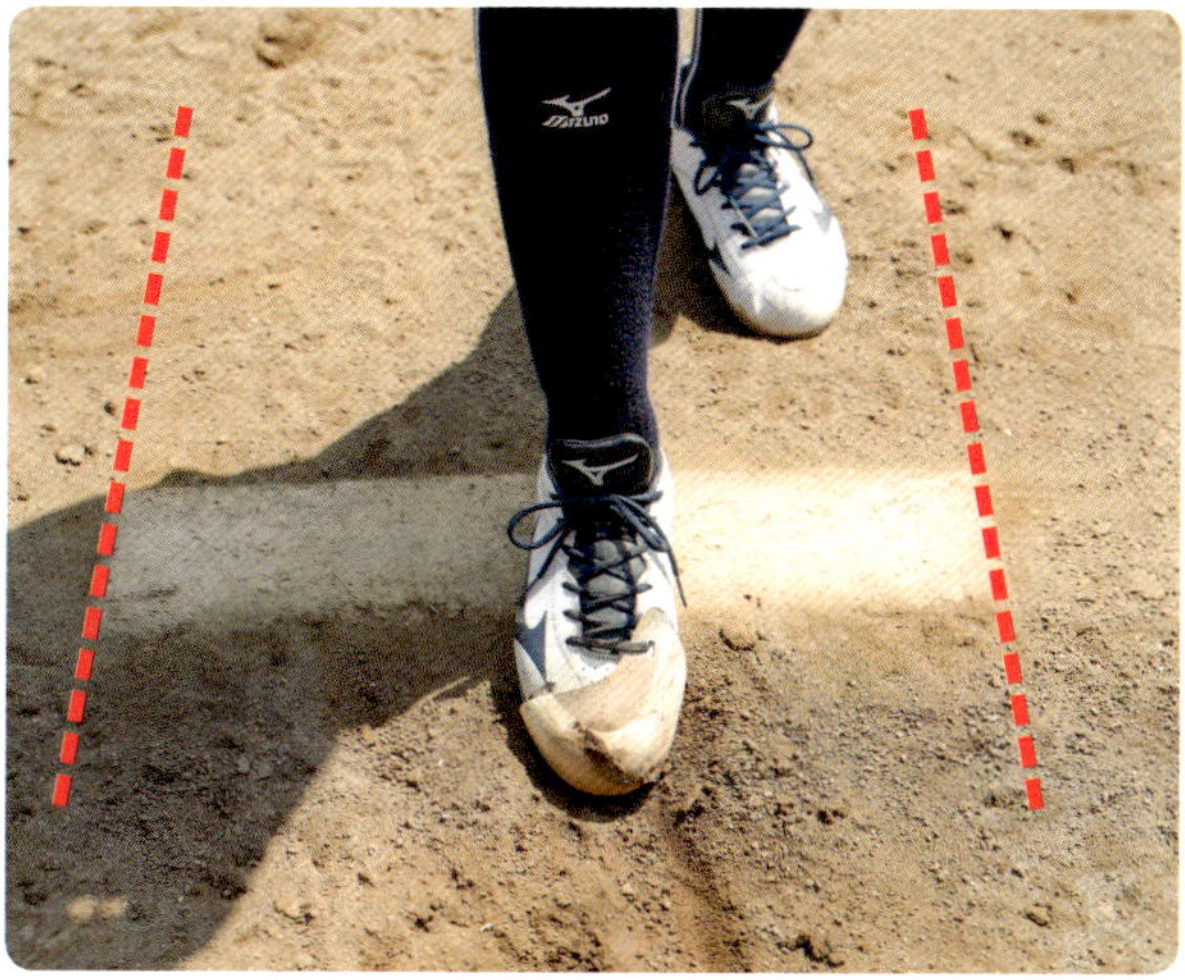

○

軸足(右足)をプレートにかける

軸足（右足）をプレートにかけて立つ。自由足（左足）はプレートから離してよい。

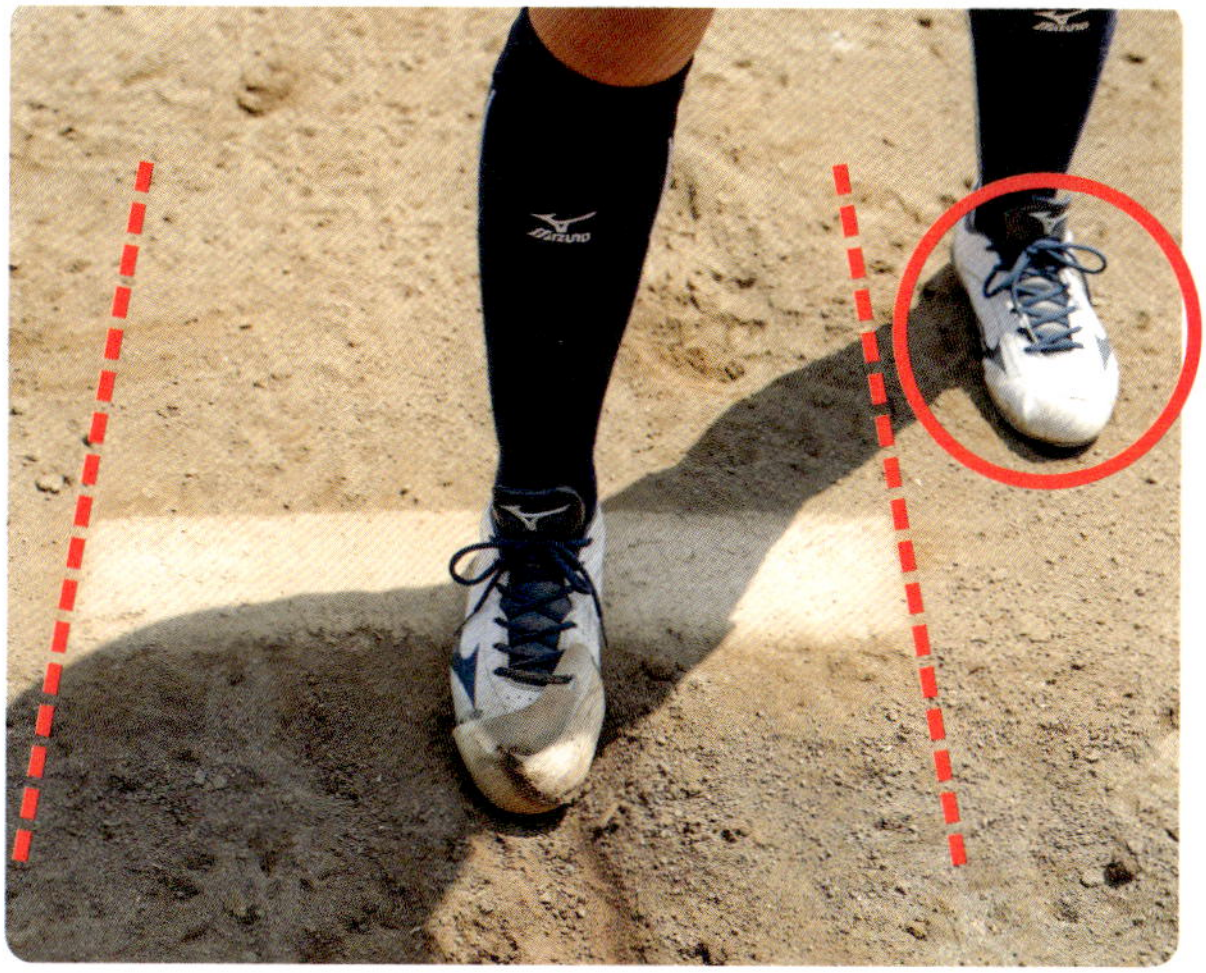

×

自由足(左足)がプレートの横に出る

両足はプレート幅の中に収まっていなければならないので横に出てしまうのはルール違反。

上達のコツ

プレートの左右を使い分けてもOK

プレートの幅はギリギリまで使ってかまわないので打者によってプレートの左右幅を大きく使い、打ちづらい軌道の球を投げる工夫をしよう。

DVD 5-2

ピッチャー2

下半身の使い方

軸足の股関節に体重を乗せて大きく前にステップ

3 勢いよく前に飛び両腕も前に伸ばす

カラダの軸をまっすぐ保ったまま、両腕を前に伸ばして全身で前に飛び出す。

ポイント
両腕を伸ばし大きく前に飛び出す

フォームが安定し力が発揮される

ここからはピッチャーの技術を解説する。まずは大きな力を生み出す下半身の使い方だ。

バッティングと同じように、まずは軸足の股関節に体重を乗せる。これによってお尻や太ももなどの大きな筋肉が使えるようになり、フォームが安定し、力を余すことなく発揮できる。そこから母指球で地面を強く押し込み、前に飛ぶ推進力を得る。また前に飛び出す準備動作として、一度プレート上でカラダを後傾させると、勢いをつけやすい。

1 プレートに軸足をかけ上体をやや後傾させる

前に飛び出すための準備動作としてカラダを後傾させる。

2 軸足の股関節に荷重し母指球で地面を押し込む

軸足に荷重させて地面をグッと押し込むことで、地面と平行に飛び出せる。

母指球とは？

足の親指の付け根あたり。ここで踏ん張ることが大事

上達のコツ

地面を押し込み推進力を得る

前に飛び出す動作は上でも下でもなく、地面と平行に飛び出したい。そのため軸足の股関節に体重を乗せて母指球で地面を押し込むイメージで飛び出そう。

DVD 5-3

ピッチャー3

上半身の使い方

肩甲骨から大きく回して ヒジから下ろす

ポイント

ボールを持つ手先ではなくつけ根の肩甲骨を意識する

1 勢いよく前に飛び出す

カラダの軸がブレないように意識しながら両腕を伸ばして前に飛び出す。

遠心力ではなく引き寄せて投げる

ここでは下半身で生まれた力をボールに伝える上半身の使い方を解説する。

一見すると、腕を大きく回して遠心力を利用して投げているようにも感じるが、実際に腕を大きく回すのは、腕が真上に上がるまで。そこからは、肩甲骨を寄せてヒジから下ろす。ヒジを引き寄せるようなイメージで腕を振るとよい。

ただし、下半身の力で前に飛び出すときや、そこから腕を上げるまでは、腕を前に伸ばし全身を大きく使うことを意識しよう。

2 左腕を伸ばしたまま右腕を引き上げる

ボールを持つ手先だけではなく腕のつけ根の肩甲骨から大きく動かす。

3 肩甲骨を寄せてヒジから下ろす

腕を伸ばしたまま回すのではなく、ヒジから下ろして引き寄せる。

上達のコツ

カラダの軸は常にまっすぐ保つ

前に勢いよく飛び出すのでカラダが不安定になりがちだが、投球動作中は常にカラダの軸をまっすぐ保っておくこと。この軸があることで腕が強く振れる。

DVD 5-4

ピッチャー4

ブラッシング

下ろした腕を太ももで擦りスナップを加速させる

前腕（ヒジから手首の間）を太ももに擦る

NIHARA
11
前腕を太ももに擦ることでテコの原理が働き手首のスナップが加速する。
手首のスナップを加速させる

自分に合えば取り入れてみよう

ブラッシングとは、ソフトボール特有の動作で、ヒジから手首の間の前腕を太ももに擦らせるように当てて投げる動作を指す。

この目的は、リリースの安定と手首のスナップの加速。テコの原理のように、太ももに当たる前腕が支点となり、ボールを持つ手が加速するのだ。ただし人によっては、ブラッシングをしない方がコントロールが安定することもあるので、自分には合わないと感じれば、太ももに擦らせずそのまま投げてもよい。

1 前に飛び出し両腕を大きく広げる

3 手首が内側に返り自然なフォロースルー

ポイント
太ももの上で腕を転がすように擦らせる

2 伸ばした左腕を引き右腕を下から回す

上達のコツ

小指側から当てて親指側から出る

ブラッシングでは前腕の小指側を前に向けて擦らせる。ここでテコの原理が働き、勢いよく前腕の親指側が前に出て手首が返り、リリースとなる。

DVD 5-5

キャッチャー1

かまえ方

安定性重視か対応力重視かによってかまえは変わる

安定性重視▶どっしりかまえる

足裏をベッタリ地面につけヒザをやや広げ気味にかまえる。

低めのとり方

片ヒザを倒してカラダを丸める

自分に合うかまえを選ぶ

ここからはキャッチャーについて解説する。まずは基本となるかまえ方。これは大別して2タイプあるので、自分に合う方を選ぶとよい。

一つは、両足の裏をベッタリ地面につけて座るタイプ。どっしりとかまえられるので安定性が高い。ただし低めは片足を下ろすなどの工夫が必要になる。

もう一つは、ヒザを内側に絞って座るタイプ。カラダを左右に動かしやすく、低めのコースも姿勢を変えることなく捕球できる。

対応力重視▶ヒザを絞ってかまえる

足裏をやや浮かせ気味にしてヒザを内側に絞るようにしてかまえる。

ポイント

低めのコースも捕球しやすい

低めのとり方

体勢を変えることなく捕れる

上達のコツ

スネの筋肉が柔軟ならヒザを絞るかまえ

ヒザを内側に絞るかまえをするには、スネの前の前脛骨筋(ぜんけいこつきん)という筋肉の柔軟性が必要。カラダの柔らかい人はぜひチャレンジしてみよう。

キャッチング

ピッチャーのリリース後にミットを下げ脱力させる

構えは違えど キャッチングは共通

かまえ方は2タイプだが、キャッチングに関してはどちらも共通している。

ポイントは、ミットを一度下げるということ。まずサイン交換の後に、投げてほしいコースにしっかりミットをかざす。そしてピッチャーが投球動作に入り、手元からボールが離れた瞬間にミットを一度下げるのだ。そこから捕球のタイミングで再びミットを上げる。ミットを上げ続けていると、いざ捕球するときに、ボールの勢いに負けて腕が下がってしまうので注意しよう。

3 再びミットを上げて捕球する

ボールのタイミングに合わせてミットを出して捕球する。

ワキが空くとミットが下を向く

1 的になるように しっかり面を向ける

ピッチャーの動き

ピッチャーにコースを明確に示すためミットの面をしっかり向ける。

2 リリース後に ミットを一度下げる

ピッチャーの手からボールが離れたらミットを一度下げて腕の力を抜く。

ポイント

ミットを下げ
腕の力を抜く

上達のコツ

一度下げればボールの勢いに負けない

腕を伸ばしピッチャーにミットの面を向けたまま捕球すると、ボールの勢いに押されて腕が下がるので、リリース後は一度ミットを下げるクセをつけよう。

DVD 5-7

キャッチャー3

送球

3タイプある送球法から自分に合うものを見つけよう

右足は動かさずに左足を前に踏み出し投げる。最もすばやく送球できるが下半身の体重移動が少ないので、その分を肩の強さで補う必要がある。

捕球後に両足を前後に開いて投げる。三つのなかでは最もオーソドックス。右足から左足への体重移動もできるので下半身の強い人におすすめ。

捕球後に前に1歩右足を踏み出してから投げる。肩に自信のない人や、筋力がまだついていない学生はこの投げ方から練習してみよう。

自身の肩の強さを考慮して選ぶ

盗塁されたときや、ランナーの離塁が大きいときなどは、キャッチャーは捕球からすばやく送球する必要がある。その送球方法は三つあるので、自分に合うものを見つけよう。

　一つ目は軸足を固定して左足を踏み出すタイプ。投げるまでの時間は最速だが、肩の強さが求められる。二つ目は両足を踏みかえるタイプで、最もオーソドックスだ。最後は右足を踏み出してから投げるタイプ。肩に自信がない人や小中学生におすすめだ。

① 軸足は浮かせず前足だけをステップする

右足は固定したまま

② 両足を同時に前後に開く

両足を開く

③ 捕球後に右足を前にステップする

右足を前に
踏み出す

上達のコツ

ヒザは伸ばさず 低い姿勢のまま

捕球してから送球するまでにヒザが伸び、完全に立った姿勢になることはない。ヒザを曲げ低い姿勢のまますばやく送球に移ることを心がけよう。

DVD 5-8

キャッチャー4

ショートバウンドの止め方

ヒザを前に下ろすのではなく後ろにすばやく引く

両足の間にミットを入れる

ワンバウンドするボールは後ろに逸らさないために両足の間にミットを入れすき間をつくらない。

ポイント

カラダ全体で壁をつくる

壁をつくり後逸するすき間を与えない

ショートバウンド捕球は難しいが、どんな球でも絶対に後ろに逸らさないというのは優れたキャッチャーの条件の一つだ。

ショートバウンドのポイントは、カラダ全体で壁をつくるということ。股の間にミットを入れて後逸するすき間を与えない。ミットで受け止められなくても、カラダのどこかに当てるという意識を持とう。

また、弾いたボールを前に転がさないためにも、ヒザは前に下ろすのではなく、後ろに引くこと。

1 ミットの面を向けてかまえる

まずはピッチャーに目標となるようにミットの面をしっかりと向ける。

2 すばやくヒザを後ろに引く

ショートバウンドだと判断したらすばやくヒザを後ろに引く。

3 背中が地面と平行になるまで倒す

カラダに当たったボールを真下に落とすために上体を倒す。

上達のコツ

前にヒザをつくとボールが前に転がる

ヒザを前につくと、ボールを捕り損ねた場合、前に転がってしまいランナーに進塁のチャンスを与えてしまう。ヒザは前ではなく後ろに引くことを心がけよう。

ブロック

2種類あるブロックを臨機応変に使い分ける

すばやさ重視▶左足だけでブロック

右ヒザを残している分、早くタッチにいけるというメリットがある。

右ヒザは立てたまま

ランナーに回り込まれると追いかけられないというデメリットがある。

捕球してからタッチに向かう

最後はクロスプレー時のタッチの姿勢だ。キャッチャーはボールを保持していない状態でランナーの走路に立つことはできない。そのため、捕球するまでは走路を空けておき、捕球したらすばやく上記の姿勢のどちらかで走路をふさぐ。左足だけのブロックは早くタッチにいけるので、送球が乱れたり際どいタイミングのときに有効。両足を揃えるブロックは回り込まれても追いかけられ、またランナーと衝突してもケガをしづらいという特徴がある。

強度・可動性重視▶両足揃えてブロック

両ヒザを揃えるので、ランナーに当たり負けしないというメリットがある。

ポイント
状況によって使い分けよう

両ヒザを揃える

ランナーに回り込まれても一緒についていける。

上達のコツ

両足を揃えて丸まればケガ防止

クロスプレーではランナーと接触する可能性もあるが、両足を揃えたブロックであれば、カラダを丸められるため頭を打つなどのリスクが回避できる。

COLUMN

コラム

6

ソフトボールといろいろなトレーニング

高校生から大学生くらいになると、骨格もしっかりしてくるので、筋力アップのためのトレーニングをしますが、同時に肩甲骨や股関節、足関節などの関節を自在に動かせるようにしておくことも必要です。各関節の柔軟性を高めるためには、6章で紹介しているキャットバックやワニ、スパイダーマンなどに取り組みましょう。十分に高めた筋力と柔軟性をマッチさせる効果が期待できます。負荷を高くし過ぎるとケガにもつながりやすいので、少しずつ継続的に取り組んでください。

またこれとは別に、力を調整したり、わざと力を抜くようなプログラムにも取り組むことをおすすめします。たとえば、釣り竿で狙ったポイントに重りを落とす、竹馬に乗って落ちないようにグランドを一周する、落ちるボールよりも早くしゃがむなどです。これらは目一杯力を出すだけではできません。ときには力を抜くことも必要になります。一見するとソフトボールとは関係がないように思えますが、この出力をコントロールする能力が、ソフトボールにも多いに活かされるのです。

園田学園女子大学ソフトボール部トレーニングメニュー協力
びわこ成蹊スポーツ大学教授　佃 文子

6章

関節可動域ストレッチ

肩甲骨を含む肩関節が腕と体幹をつなげ、股関節が足と体幹をつなげている。この関節の可動域が広がれば、もっと大きな力が出せるようになる！

ソフトボールの動きの質を高める関節可動域ストレッチ

肩甲骨と股関節の可動域が広がれば力をもっと出せる!

投げる

打つ

しっかり胸を張り力強く引き寄せる

肩甲骨の可動域が広がれば、腕を上げたときにしっかり胸を張ることができ、そこからヒジを中心に力強く腕を引き寄せることができる。

カラダの軸を保ってトップがつくれる

肩甲骨の可動域が広がれば、グリップを引いてトップをつくるときに、カラダの軸が引っ張られない。そのため軸を保ったまま深いトップがつくれる。

多くの恩恵をもたらす関節可動域

関節可動域とは、簡単にいえば正常な状態で関節が動く範囲のこと。ソフトボールでは、関節可動域が広いことは大きなメリットになる。特に、腕と体幹をつなぐ肩甲骨と、足と体幹をつなぐ股関節の可動域が広がることの恩恵は多い。

その一つは、カラダの軸を保ったまま腕を大きく振れるということ。もう一つが低い姿勢をとれるので、下半身を使えるということ。この二つのカラダの使い方で、自分の秘められた力がより発揮されるようになる。

低い捕球姿勢から力強く送球できる

股関節可動域が広がれば、低い姿勢を維持したまま捕球できる。肩甲骨可動域が広がれば、すばやくヒジが上がり、そこから力強く送球できる。

スタートから加速でき腕もしっかり振れる

股関節可動域が広がれば、低い姿勢からスタートできる。肩甲骨可動域が広がれば、カラダの軸を保ったまま腕をしっかり引いて走ることができる。

DVD 6-1

ストレッチ1

直線反らし

可動域を広げる肩甲骨ストレッチ1

1

四つんばいから片手を頭の後ろに

肩の下に手を、股関節の下にヒザをつき、片方の手を頭の後ろにセットする。

ポイント
上側の肩甲骨をしっかり寄せる

2

曲げたヒジを上げカラダを一直線にする

天井を見上げるように顔を上げて、ヒジから手のひらまでを一直線に保つ。

上側の肩甲骨の寄せが甘いと直線にならない。

回数の目安
左右10回ずつ

できない人は！

カラダが硬い人はペアになり、曲げたヒジと下側の肩甲骨を押さえてもらおう。

DVD 6-2

ストレッチ2

可動域を広げる肩甲骨ストレッチ2 ヒジ腕立て伏せ

1 ヒザを床につけて ヒジは直角に曲げる

ヒザをついた腕立て伏せの姿勢から、ヒジを直角に曲げて肩甲骨を広げる。

肩甲骨が外側に広がる。

回数の目安
10回

2 肩甲骨を寄せて 上半身を下ろす

ヒザは床につけたまま肩甲骨を寄せて上半身を床ギリギリまで下げる。

ポイント

動かすところは
肩甲骨の
寄せ広げだけ

肩甲骨が内側に寄る。

DVD 6-3

ストレッチ3

可動域を広げる肩甲骨ストレッチ3

キャットバック

回数の目安
10回

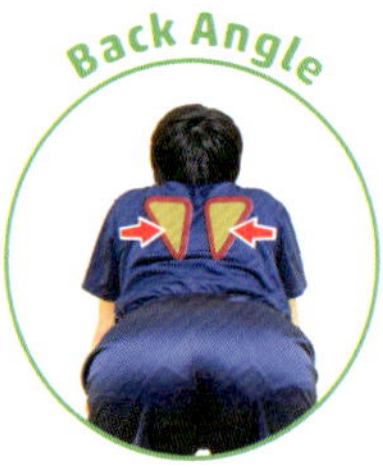

肩甲骨が内側に寄る。

1 四つんばいになり背中を反らせる

肩の下に手を、股関節の下にヒザをつき、肩甲骨を寄せ背中を反らせる。

ポイント
肩甲骨の寄せ広げを意識する

2 肩甲骨を広げて背中を丸める

1とは逆の動作になるように、肩甲骨を広げて背中を大きく丸める。

肩甲骨が外側に広がる。

DVD 6-4

ストレッチ4

天井プレス

可動域を広げる肩甲骨ストレッチ4

回数の目安
10回

1

**バットの両端をつかみ
頭の後ろでかまえる**

背すじを伸ばし肩甲骨を寄せて、
バットを頭の後ろでかまえる。

ポイント
**バットの
水平を保つ**

2

**つかんだバットを
真上に上げる**

天井を押し上げるイメージで腕を
伸ばして肩甲骨を広げる。

バットを下ろしたときに猫背に
なると肩甲骨が寄らない。

DVD 6-5

ストレッチ5

ワニ

可動域を広げる股関節ストレッチ1

回数の目安
左右交互に10回

1 両足を揃えて腕立て伏せの姿勢

ヒジをまっすぐ伸ばし、カラダが一直線になるように姿勢をつくる。

ポイント
足を前に出すときに腰を上げない

2 腰を上げずに片方の足を前に出す

手の位置は変えずに、片方の足をできるだけ前に出す。

腰が上がっていないので股関節周りの筋肉が伸びる。

腰が上がると股関節まわりへのストレッチ効果が半減。

DVD 6-6

ストレッチ6

可動域を広げる股関節ストレッチ2

肩幅ジャックナイフ

回数の目安
10回

1

足首を前からつかみ 前屈の姿勢になる

頭を下げ、ヒザの裏をまっすぐ伸ばして姿勢をつくる。

ポイント
カカトを上げない

2

足首をつかんだまま お尻を落とす

カカトが上がらないように意識しながらお尻を落とす。

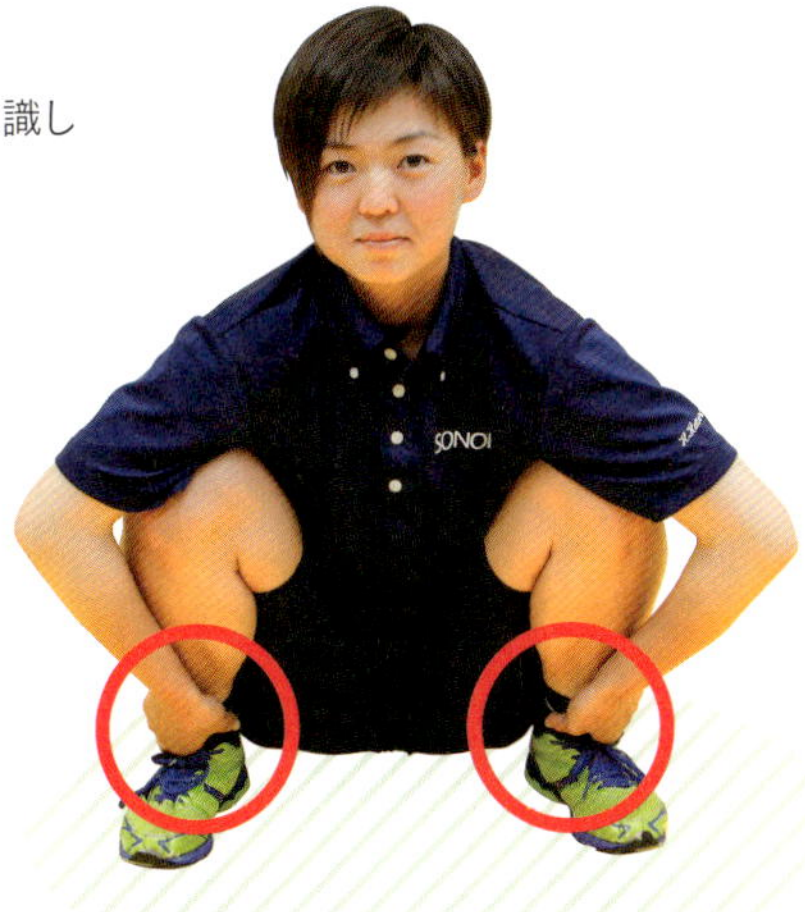

つま先より前にヒザを出さずにお尻を落とす。

つま先より前にヒザが出てカカトが上がる。

DVD 6-7

ストレッチ7

可動域を広げる股関節ストレッチ3
スパイダーマン

回数の目安
20回

1

**両手と両足を広げ
壁の前に立つ**

顔も横に向けて壁にギリギリまで近づいて立つ。

2

**両手とヒザを離さずに
お尻を真下に落とす**

両手やヒザなど、カラダを壁から離さずにお尻を真下に落とす。

ポイント
**お尻を
真下に落とす**

お尻が斜め下に向かうとストレッチ効果は半減。

DVD 6-8

ストレッチ8

カエル

可動域を広げる股関節ストレッチ4

時間の目安
30秒

1 ヒザを開いて腰を下げる

カエルのようにヒザを開いて四つんばいになり、背すじを伸ばして股を床に押しつける。

ポイント
息を吐きながら体重を下にかける

猫背になると股関節が伸びない。

できない人は！

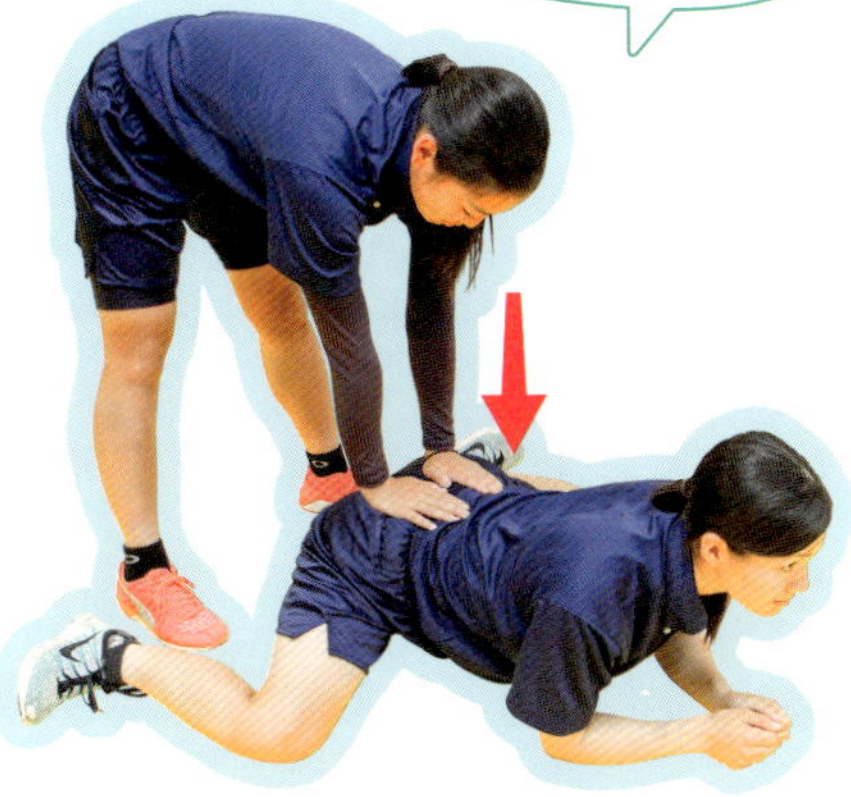

カラダが硬い人はペアになって腰をやさしく押してもらおう。

DVD 6-9

ストレッチ9

可動域を広げる股関節ストレッチ5

スケートジャンプ

回数の目安
10回

1

カラダの軸を保ち片足立ちになる

この姿勢で左右にジャンプするが、軸をまっすぐに保つ。

ポイント
カラダの軸をまっすぐ保つ

2

横に飛んで逆足で着地する

股関節に体重を乗せる意識で、軸を保ちながら横にジャンプする。

軸がブレると片足で立っていられない。

DVD 6-10

ストレッチ10

可動域を広げる股関節ストレッチ6

ヒップリフト

時間の目安
20～40秒

1 ヒザを立てて あお向けになる

腕は自然に伸ばしてあお向けになり、ヒザは揃えて立たせる。

2 お尻を上げて 一直線をつくる

お尻は上げすぎず、下げすぎず、一直線になる高さでキープする。

ポイント
一直線をキープする

お尻の筋肉が使えないと一直線を保てない。

余裕がある人は片足を伸ばしてみよう。

ENJOY SOFTBALL!

●監修
木田京子

●取材協力
島崎蓮弥（園田学園女子大学ソフトボール部コーチ）

●モデル
園田学園女子大学ソフトボール部

●制作
(株)多聞堂

●構成・執筆
上野 茂

●デザイン・カバーデザイン
三國創市

●写真撮影
長尾亜紀

●DVD撮影
(株)文化工房

●DVD編集
滑川弘樹

●コラム執筆
渡邉華月(園田学園女子大学ソフトボール部コーチ)
薮田 望(園田学園女子大学助手)
武内孝祐(神戸国際大学助教)
佃 文子(びわこ成蹊スポーツ大学教授)

●企画・編集
成美堂出版編集部　原田洋介・池田秀之

DVD付 いちばんやさしいソフトボール入門

監　修　木《き》田《だ》京《きょう》子《こ》

発行者　深見公子

発行所　成美堂出版
〒162-8445　東京都新宿区新小川町1-7
電話(03)5206-8151 FAX(03)5206-8159

印　刷　広研印刷株式会社

ISBN978-4-415-32488-3
落丁･乱丁などの不良本はお取り替えします
価格はカバーに表示してあります